EMLösungen

›Teiche
Zier- und Fischteiche, Schwimmteiche, Pools

Möglichkeiten und Grenzen
der Effektiven Mikroorganismen

W0178770

tosa

Inhalt

➤ Vorwort

Wasser im Garten belebt. Wasser ist die Grundlage allen Lebens, so wie wir es aus naturwissenschaftlicher Sicht kennen. Babys bestehen zu über 80 % aus Wasser, was im Laufe des Lebens auf etwa 60 % abnimmt.

Wasser beruhigt. Wasser zieht Leben an. Wasser und Freizeit gehören für den modernen Menschen zusammen. Es gibt viele Gründe, sich Wasser in die häusliche Umgebung zu holen. Und einer reicht schon: Ein Teich im Garten ist ganz einfach schön. Ich selbst hätte auch gerne einen Teich im Garten. Ein schöner Teich braucht jedoch Pflege, die ich bei meinem Lebensstil nicht gewährleisten kann.

Im ausgedehnten Waldgebiet des Kottenforstes liegen viele verborgene kleine Teiche, die für Tiere eine wichtige Rückzugsmöglichkeit sind. Im Laufe der natürlichen Entwicklung werden sie allerdings verlanden.

Dafür habe ich liebe Freunde mit Gartenteichen und kann den Kottenforst, ein großes Waldgebiet mit vielen Tümpeln und Bächen zwischen Bonn und Köln, zu Fuß in 5 Minuten erreichen. Der Rhein und die Ahr liegen gerade mal 15 km entfernt. So beobachte ich seit über 50 Jahren die Entwicklung von stehenden und fließenden Gewässern. Die Natur lehrt und zeigt uns, wie sie selbst mit den einzelnen Elementen der Landschaft umgeht, wo sie Hilfe braucht oder wo und wie sie sich selbst hilft.

Der Rhein ist – wie viele andere schiffbare Flüsse auch – schon lange kein natürliches Gewässer mehr. Durch die Einleitung warmen Abwassers ist seine Temperatur so stark angestiegen, dass sich auch bei langen Frostperioden keine Eisschollen mehr bilden. Die starken Motoren der Schiffe erzeugen mit den Schiffsschrauben einen so starken Sog, dass das Wasser am Ufer *beim Vorbeifahren um bis zu 20 cm absinkt. Die Wasserqualität konnte nach der katastrophalen Schadstoffbelastung in den 60er- und 70er-Jahren wesentlich verbessert werden, sodass die Nebenflüsse wieder von Lachsen besiedelt werden, die als Jungtiere durch den Rhein das offene Meer erreichen und zum Ablaichen zurückkehren. Dennoch bleibt noch viel zu tun.*

Dabei greife ich auf meinen fachlich geschulten Blick zurück, der sich im Laufe meiner Tätigkeit als Landwirtschaftsberater über 30 Jahre hinweg entwickelt hat, und auf mein Wissen über die EM1-Technologie, mit der ich mich seit 1998 intensiv beschäftige und auch als Ausbilder tätig bin. Gemeinsam mit Dieter Aust, einem engagierten Naturbeobachter, Gartenbauingenieur und professionellen Referenten für die Einbindung von Wasser im Garten- und Landschaftsbau, habe ich mich kritisch mit der heute üblichen Gartenteichplanung und den Grundgesetzen der Natur

auseinandergesetzt. Ihm gilt an dieser Stelle besonderer Dank und Wertschätzung.

Uns beiden ist bewusst, dass in der praktischen Gestaltung eines Gartens oder eines Teiches jeweils die individuellen Ziele des Bauherrn in den Vordergrund treten müssen. Wer bezahlt, bestimmt die Musik.

Wenn Sie das Ziel haben, Wasser in seiner ursprünglichen Kraft zu genießen, ist die EM-Technologie ein wichtiger Bestandteil der Gartenplanung. Liegt Ihnen besonders die freie Gestaltung am Herzen, können Sie unter Berücksichtigung der Grundgesetze der Natur bei der Anlage und beim Betrieb eines Gewässers mit der EM-Technologie wesentliche Kosten einsparen.

Folgen Sie uns durch die Welt des Wassers im Garten! Nutzen Sie die Möglichkeiten der EM1-Technologie, damit der Teich im Garten oder auch der Swimmingpool noch mehr Freude macht. Denn nur Wasser ohne chemische Zusätze vermittelt die wahre Freude an dem Element Wasser.

Die wissenschaftlichen Erkenntnisse und die Erfahrungen aus der Praxis setzen wir nun in Empfehlungen für Gartenteiche mit und ohne Fische und für Schwimmbäder um.

Unsere Erfahrungen beruhen auf dem Umgang mit dem hier erwähnten EM1. Am Markt werden viele verschiedene sogenannte Multimikrobenpräparate auf der Basis von Milchsäuremikroben angeboten, die sicher alle

ihre Berechtigung haben. Wir bevorzugen jedoch EM1, weil es sich in unserer Praxis am besten bewährt hat.

Diese Kombination von Mikroben, die auf Prof. Dr. Higa zurückgeht und ausschließlich über von ihm autorisierte Unternehmen vertrieben wird, hat ihren Namen „Effektive Mikroorganismen" wirklich verdient. Sachgerecht angewandt stellen sich in 80 bis 90 % der Fälle die erwarteten Erfolge ein.

Wenn es nicht klappt und Sie Fragen haben, wenden Sie sich an die gut ausgebildeten „Zertifizierten EM-Berater", mit denen wir in ständigem Austausch stehen. Sie bekommen so immer eine Hilfestellung.

Ernst Hammes

Diese gemütliche Ecke besteht aus Stein, Beton, Beet und Wasserfläche. Am grünen Bodenbelag aus Algen sieht man, dass der Teich richtig angelegt wurde und gesunde Lebensumstände bietet.

➤ 1 Was ist EM-Technologie?

Was sind Mikroben?

Mikroben sind Bakterien, Hefen, Pilze und viele andere Arten von Einzellern. Sie besiedeln die gesamte Erde. In einer Handvoll Erde leben mehr Mikroben, als es Menschen auf der ganzen Erde gibt. Sie besiedeln alle Oberflächen und steuern die Umsetzung aller organischen Substanzen auf der Erde. Man findet lebende Mikroben auf und in Meteoriten, in 3 km Tiefe in der Erde, am Rand von Vulkanen, selbst in lebensfeindlichen Schwefelquellen und in der tiefsten Tiefsee.

Die Naturwissenschaften lehren uns heute, dass auf der Erde nichts verloren geht. Kein Stoff kommt hinzu, keiner geht verloren. Die Natur kennt keinen Abfall. Alles, was sein Leben gelebt hat, dient im nächsten Lebenszyklus wieder als Grundlage für neues Leben.

Selbst das zuerst giftige Erdöl (ein natürliches Produkt aus faulenden Pflanzen oder Tieren) dient nach vielen Jahren und einem Umbau durch Urbakterien wieder dem Pflanzenwachstum und dem Leben.

Auch Abfall aus Atomkraftwerken wird die Natur auf dieser Erde nicht endgültig besiegen. Es braucht viele tausend Jahre, bis das Schädigungspotenzial von atomaren Abfällen abgebaut ist. Dann aber wird neues

Leben auch solche menschlichen Hinterlassenschaften überwinden.

Die Natur auf dieser Erde ist auf Jahrmillionen ausgelegt. Es gibt für sie kein Ende, solange die Erde vorhanden ist.

Schon einmal haben Mikroben aus einer unwirtlichen Welt diesen wundervollen Blauen Planeten geschaffen. Als dieser vor fünf Milliarden Jahren noch wüst und leer war, waren die Urmikroben die ersten Siedler. Sie konnten sich hier ansiedeln, aus den giftigen Substanzen Energie schöpfen und Sauerstoff freisetzen. Sie waren die Grundlage für höheres Leben.

Mikroben überleben alle widrigen Umstände in unserem Sonnensystem. Da sich viele Arten unter den passenden Bedingungen sehr schnell vermehren – alle 20 Minuten –, sind sie sehr anpassungsfähig.

Unsere Strategie, Mikroben wegen erwünschter Sauberkeit zu töten (desinfizieren), ist nicht unbedingt sinnvoll, wie die multiresistenten Mikroben in den Krankenhäusern und die Spritzmittelresistenz vieler Pflanzenschädlinge zeigen.

Wir müssen unser Wissen und unsere Strategien neu bewerten, damit das Leben auf der Erde angenehmer wird. Wer mehr darüber wissen will, sollte das Buch „EM-Lösungen – Haus und Garten" lesen.

Die Natur auf dieser Erde funktioniert nach dem Prinzip, dass alle organischen Substanzen in einem ewigen Kreislauf entstehen und wieder absterben. Das Absterben bedeutet nicht das Ende. Aus dem abgestorbenen organischen Material entstehen neue Lebewesen.

Unangenehm ist aber, wenn absterbendes organisches Material fault, denn dann beginnt es zu stinken. Falls die Natur Erdöl oder Kohle herstellen will, ist das für sie richtig. Wir fühlen uns durch solche Vorgänge aber gestört, weil wir das Lebendige um uns herum schätzen, nicht die Verrottung.

Wenn es unangenehm riecht, haben sich solche Mikroben in der organischen Masse vermehrt, deren Ausscheidungsprodukte für Pflanzen und alle höheren Lebewesen eine schädliche Wirkung haben. Das erleben wir bei schlecht geführtem Kompost oder auch in Teichen, auf deren Grund die Ablagerungen nach faulen Eiern riechen. Diese Geruchsstoffe

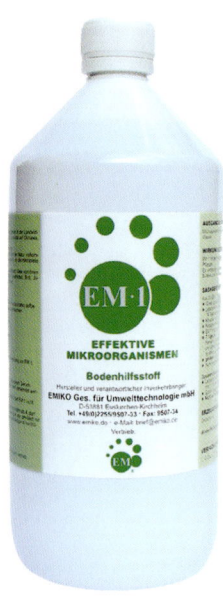

Flasche mit EM-1

aus dem Teichboden sind lästig, ähnlich wie Gülle oder auch schlecht behandelte Abwässer.

Solche Stoffe sind für die Pflanzenernährung nicht sinnvoll und können von der Natur nur in langwierigen Prozessen bearbeitet werden.

Der üble Geruch signalisiert, dass „etwas faul" ist. Wenn organische Substanz nicht fault, wie etwa in einer guten Gartenerde oder in gutem Waldboden, nehmen wir einen angenehmen, herzhaft würzigen Geruch wahr. Diese erwünschten Geruchssubstanzen sind die Ausscheidungsprodukte anderer Mikroben.

Diese erwünschten Mikroben, so hat der japanische Gartenbauwissenschaftler Prof. Dr. Teruo Higa schon 1982 festgestellt, lassen sich in einem milchsauren Milieu züchten. Er erkannte damals, dass man mit Zuckerrohrmelasse als Nahrungsgrundlage Mikroben vermehren kann, die, in ein faulendes Umfeld eingebracht, faulende organische Masse so beeinflussen, dass dort wieder ein lebensfreundliches Umfeld entsteht. Die von ihm entwickelte braune Flüssigkeit nannte er „Effektive Mikroorganismen" – EM1.

Weltweit wird in über 130 Ländern der Erde mit EM1 gearbeitet. Mehrere Universitäten entwickeln das Wissen um die Beeinflussung von Fäulnis durch EM1 immer weiter.

EM1 findet Anwendung in der Landwirtschaft, der Medizin, der Hygiene und in der Umwelttechnik.

Aufgrund unserer Erfahrungen und der schnellen und zuverlässigen Ergebnisse bei unseren Experimenten bevorzugen wir die von Prof. Dr. Higa entwickelte EM1-Technologie und arbeiten gerne mit den von ihm autorisierten Partnern zusammen.

In den gleichen Aufgabenbereichen wird auch EM-X-Keramik eingesetzt. Sie wird aus einem sehr speziellen Ton gefertigt, der unter dem Einfluss von EM1 über lange Zeiträume gereift ist und dann gebrannt wird. Diese EM-X-Keramik wird in verschiedenen Formen angeboten.

Im vorliegenden Buch wird die Verwendung der sogenannten „grauen Keramik" beschrieben. Der Ton wurde bei über 1000 °C gebrannt. Dass diese Keramik Wasser verändert und Pflanzenwachstum fördert, haben die Autoren in vielen verschiedenen Experimenten geprüft. Trotzdem besteht noch viel Forschungsbedarf, um den Wirkungsmechanismus im Detail zu klären. Wenn aber etwas in der Praxis funktioniert, sei hier schon einmal darauf hingewiesen.

EM-Keramikpipes in Grau

Unsere Erfahrungen beruhen nicht nur auf der EM-Anwendung in Freizeitgewässern. Die ersten Erfahrungen stammen aus der professionellen Fischzucht. Europas größte Zucht von Welsen (oder Wallern) zum Beispiel arbeitet seit mehreren Jahren mit EM. Auch in der Zucht von Flusskrebsen zur Lebensmittelerzeugung oder in Forellenzuchten wird EM seit Jahren sehr erfolgreich angewendet.

Natürlich verlassen sich auch viele Koi-Züchter auf die reinigende Kraft der kleinen Helfer. Haben Sie Interesse an der Besichtigung solcher Betriebe, dann wenden Sie sich an den EM e.V., einen gemeinnützigen Verein, der sich zum Ziel gesetzt hat, das Wissen über die praktische Anwendung guter Multimikrobenpräparate allen Menschen zugänglich zu machen.

Wollen Sie professionelle Auskunft, dann erkundigen Sie sich bei dem zertifizierten EM-Berater in Ihrer Nähe. Kontaktadressen für das deutschsprachige Europa finden Sie im Anhang.

➤ 2 Wasserfunktionen

„Die Menschen sind wie das Meer, manchmal glatt und freundlich, manchmal stürmisch und tückisch – aber eben in der Hauptsache nur Wasser."
So beschreibt Albert Einstein seine umfassende Ansicht des Lebens in der ihm eigenen Art.

Alles Leben kommt aus dem Wasser und lebt mit dem Wasser. Deswegen übt das Wasser auf fast alle Menschen eine starke Faszination aus.

Japanische Gärten – hier der Japanische Garten in der Rheinaue in Bonn – haben eine sehr eigene Atmosphäre. Mit Wasser, Stein und Pflanzen symbolisieren sie das ganze Universum und stellen eine Beziehung zu höheren Mächten her.

Wasser signalisiert Reinheit und Wiedergeburt. Das sich selbst reinigende System Wasser ist einfach spannend und inspirierend und zugleich beruhigend. Deswegen wollten auch die Könige in ihren Gärten Wasser haben. Ludwig XIV. installierte in den um 1660 erbauten Schlossanlagen von Versailles 1400 Wasserspiele und zahlreiche Teiche. Später, etwa ab 1730, entstanden die sogenannten „Englischen Gärten", die in weiten Parkanlagen große Wasserflächen hatten, wie z. B. in Sanssouci in Potsdam oder im Bergpark Wilhelmshöhe in Kassel.

Wir denken heute kaum noch an die Geschichte der Wasseranlagen im Gartenbau und suchen eher nach einem Gefühl, das von den kunstvoll angelegten Brunnen und Wasserspielen widergespiegelt wird.

Nur die wenigsten Menschen können die besondere Freude an einem natürlich fließenden Gewässer in

Die Springbrunnen in der Gartenanlage von Schloss Brühl sorgen neben schönen optischen Effekten im Sommer auch für Wärmeregulierung und Sauerstoffeintrag ins Wasser.

Im Fachhandel und in Gartencentern werden heute die verschiedensten Fertiglösungen für Springbrunnen angeboten. Das leise Plätschern wird die späteren Besitzer beruhigen. Zur Förderung der Wasserstabilität kann man bei Brunnen ohne Pflanzen im Wasserkreislauf kaum etwas anderes tun, als ein halbes Päckchen graue Pipes in das Wasser zu legen. Aber auch sie werden nicht verhindern, dass man das Wasser im Sommer entweder chlorieren oder bei großer Hitze alle paar Tage austauschen muss.

Ein durchbohrter Findling bildet als Quelle einen interessanten Blickfang.

Regen schlägt auf das Wasser im Teich auf und bringt Sauerstoff, Staub und manchmal auch Schmutz mit.

ihrem Garten genießen. So viele Flüsse und Bäche gibt es nicht, dass jeder Teichliebhaber einen natürlichen Bach durch seinen Gartenteich leiten könnte. Deswegen sind fast alle Gewässer in den Gärten stehende Gewässer, auch wenn die Bauherren gerne mit technischer Hilfe Bewegung schaffen. Springbrunnen oder kleine Wasserläufe vermitteln somit den schönen Schein bewegten Wassers.

Die Teiche erfahren aber trotz der Pumpen und anderer Technik nur eine sehr beschränkte Wasserbewegung. Einen Vorteil haben solche Bewegungshilfen für das Wasser dennoch: Die Bewegung bringt zusätzlichen Sauerstoff ins Wasser und hilft den sauerstoffbedürftigen Lebewesen, ihre Funktion in diesem Gewässer auszuüben. Das bringt biologische Vielfalt, Qualität und Stabilität.

➤ 3 Seen, Weiher, Teiche und Tümpel

Natürliche stehende Gewässer haben grundsätzlich die Neigung, zu verlanden. Jahr um Jahr fallen organische Substanzen hinein. Es ist nur eine Frage der Zeit, wann stehende Gewässer sich so weit verändert haben, dass nur ein nasser Fleck Erde übrig bleibt, der sich immer mehr der Umgebung anpasst.

Wir sprechen von einem See, wenn wir ein großes stehendes Gewässer sehen, das auch eine gewisse Tiefe hat. Seen können sehr unterschiedlich sein: nährstoffreich, nährstoffarm, von kleinen Bächen oder von starken Flüssen durchflossen, wie z. B. der Bodensee. Sie bilden Rückhaltebecken für die Flüsse

und Bäche bei Hochwasser, sind Verdunstungsfläche und nehmen mehr oder weniger stark Einfluss auf das regionale Klima.

Der Dümmer See und auch das Steinhuder Meer, beide im norddeutschen Tiefland gelegen, sind Beispiele für Seen, die sich in Richtung Weiher entwickeln. Die beiden Gewässer sind nicht sehr tief und zeigen eine starke Tendenz zur Verlandung. Sie haben einen völlig anderen Charakter als z. B. der Chiemsee im Alpenvorland oder der Königssee in den Berchtesgadener Alpen, die noch sehr tief sind. In diese Seen werden auch viel weniger Nährstoffe eingespült, weil ihnen relativ wenig

Dieser Altrheinarm bei Xanten hat seit etwa 200 Jahren nur noch bei Hochwasser mit Vater Rhein Kontakt. In fünftausend Jahren wird auch von diesem Gewässer nur noch ein Tümpel übrig sein, wenn der Fluss sich nicht wieder den alten Weg aussucht und die Verschlammungen hinwegspült.

belastetes Wasser aus den Bergen zugeführt wird und sie nicht mit Rückständen unserer Zivilisation belastet werden.

Weiher nennen wir stehende Gewässer, die vielleicht 2 m und weniger tief sind. Im Volksmund werden sie oft Entenweiher oder Dorfweiher genannt und haben meist einen intensiven Bewuchs, weil das Sonnenlicht die Pflanzen unter Wasser in der geringen Tiefe gut erreicht.

Ist das Gewässer künstlich angelegt, nennen wir es Teich. Löschteiche dienten in den alten Klosteranlagen der Bekämpfung von Bränden, wurden aber oft gleichzeitig zur Zucht von Karpfen, die zur Fastenzeit verspeist wurden, genutzt.

Die Fischteiche in Franken oder im Oderbruch zeugen von jahrhundertealter agrarischer Kultur, die sich bis heute zu modernen Fischerzeugungsanlagen weiterentwickelt haben. Menschen schufen diese

Wasserbecken, um möglichst kostengünstig hochwertiges Eiweiß zur Ernährung bereitzustellen.

Tümpel sind Gewässer, meist nur wenige Dezimeter tief, die als Rest eines Sees, der zuerst zum Weiher geworden war, übriggeblieben sind. Manchmal sind es auch nur mit Wasser gefüllte Senken, deren Füllzustand von der Intensität der Niederschläge abhängt. Auch Teiche, die nicht mehr gepflegt werden, werden zu Tümpeln und verlanden letztendlich.

Verfolgt man die Entwicklung eines ehemals großen Sees über Jahrhunderte oder Jahrtausende, findet man am Ende regelmäßig einen Tümpel. Untersucht man die Entwicklung von Seen über Jahrmillionen, findet man Lagerstätten von Erdöl, Erdgas, Kohle oder Torf. Auf dieses Phänomen werfen wir nun einen intensiveren Blick.

Dieser Tümpel hat nur noch acht bis zehn Wochen Wasser, wenn der Sommer regenarm wird. Bis dahin müssen sich die Kaulquappen zu Kröten entwickelt haben, sonst werden sie hier als Pflanzennahrung in den Kreislauf der Natur zurückkehren.

Erdöl, Erdgas und Kohle sind nichts anderes als vor sehr langer Zeit abgestorbene Pflanzen oder Tiere. Sinken solche organischen Materialien in tiefere Wasserschichten, können sie dort im Regelfall nicht vererden, sondern sie faulen. Faulen bedeutet, dass beim Abbau

Dieser Teil eines ehemaligen Rheinarmes ist so weit verlandet, dass er nur noch bei sehr hohem Grundwasserstand als solcher erkennbar ist. Die Vegetation mit den wunderschönen Lilien und harten Gräsern zeigt, dass der Untergrund immer noch sehr viel Feuchtigkeit hat. Die Vegetation wird dafür sorgen, dass die Verlandung zunehmend voranschreitet und das Wasser immer seltener dominiert.

organischer Substanz Produkte entstehen, die übel riechen.

Während des Verfassens dieses Buches gab es einen „Chemieunfall" in einer der größten Konzentrationen von Erdölverarbeitungsstätten in Wesseling-Godorf bei Köln. Dort trat eine „Giftwolke" aus, die extrem unangenehm stank. Den üblen Geruch entfalteten Mercaptane, die dem Erdöl bei der Verarbeitung entzogen werden und durch einen Leitungsbruch ins Freie entweichen konnten. Noch im Umkreis von 50 km in Windrichtung wurden Schulen evakuiert.

Genau diese Mercaptane machen uns die übel riechende Gülle oder die geruchsbelästigenden Abwässern so unsympathisch.

Der Umbau organischer Substanz zu Erdöl geschieht durch Mikroben, die giftige Substanzen in solch großer Menge bilden, dass die Kohlenstoffverbindungen nicht völlig gelöst werden können. Diese Kohlenstoffverbindungen dienen uns heute dazu, unsere Wohnung zu heizen, Auto zu fahren oder auch die Nacht zu erhellen oder die Hitze im Sommer zu kühlen. Die abgestorbenen Pflanzen, die sich nicht vollständig aufgelöst haben und sich in giftige Substanzen verwandelt haben, sind heute immer noch die Grundlage der Energieversorgung. So gesehen nutzen wir die in die Pflanzen eingelagerte Energie der Sonne, die sie vor sehr langer Zeit erzeugt hat.

Die natürliche Giftigkeit dieser Energiereserven schützt sie eigentlich vor der Wiedereingliederung in die natürlichen Kreisläufe. Wir aber bringen sie durch Verbrennen wieder in die Kreisläufe ein.

Erdgeschichtlich hat dieser Vorgang von Energieeinlagerung in die Tiefen der Erde eine sehr große Bedeutung für die Menschheit. Denn dadurch wurde sehr viel Kohlendioxid (CO_2) aus der Atmosphäre in die Erde eingelagert. Die Zusammensetzung der Atmosphäre der Erde veränderte sich so sehr, dass Tiere und Menschen hier leben können.

Für die heutige Menscheit sind diese Rückstände, die sich nicht weiter in organische Substanz auflösten, sehr nützlich. Ihre Giftigkeit ist nicht absolut, da die Umwandlung der Stoffe fortgeführt werden kann, weshalb sie für die Existenz des Lebens auf der Erde keine endgültige Bedrohung darstellen.

Aus langfristigen Dokumentationen über die Entwicklung der

In diesen Anlagen der Petrochemie in Godorf bei Köln wird Erdöl verarbeitet. Die von dort ausgehenden Gerüche erinnern die Anwohner im näheren und weiteren Umkreis immer wieder daran, dass Erdöl aus verfaulter organischer Substanz, Pflanzen und Tieren, besteht. Die Natur hatte die Materialien aus dem weiteren Kreislauf des Lebens herausgenommen und durch die Faulprodukte dafür gesorgt, dass die Nährstoffe nicht mehr dem Pflanzenwachstum dienen. Wir verbrauchen diese eingelagerte Sonnenenergie und geben die Nährstoffe wieder in den Kreislauf des Lebens zurück.

Flora am Meeresgrund nach Tankerunfällen wissen wir, dass auch dieses „Gift" von der Natur wieder eingegliedert werden kann. In den ersten Jahren ist alles Leben an den Unglücksstellen verschwunden. Nach zwanzig, dreißig Jahren finden wir dort jedoch wieder wunderbar vielfältiges Leben. Pflanzen und Tiere in unvorstellbarer Vielfalt haben sich entwickelt.

Der Grund sind Urbakterien, die aus diesen giftigen Substanzen Energie gewinnen können und dabei Sauerstoff produzieren. Damit schaffen sie die Voraussetzung dafür, dass weiterentwickelte Lebewesen Platz zum Leben finden.

Das Leben profitiert von der im Erdöl eingelagerten Sonnenenergie. Das Erdöl wirkt wie ein sehr effektiver Dünger auf die Pflanzenwelt. Die giftigen Substanzen werden durch Mikroben (Bakterien, Hefen, Algen, also verschiedene Einzeller) umgewandelt. Diesen Vorgang beschreiben die Wissenschaftler in der gleichen Art, wenn sie die Verwandlung der Erde seit der Entstehung bis heute beschreiben.

„Und die Erde war wüst und leer", heißt es in der Bibel und mit ähnlichen Worten in anderen bedeutenden Weisheitsbüchern, wie dem Koran oder der Bhagavad Gita, eine wichtige Schrift des Hinduismus. Wie sich aus dem wüsten Urzustand unser wunderbarer Blauer Planet Erde entwickelte, ist naturwissenschaftlich inzwischen geklärt.

Wollen wir aber Wasser im Garten genießen, erscheint uns die unaufhaltsame Entwicklung stehender Gewässer als störend. Wir wollen einen Zustand herstellen und diesen über viele Jahre unverändert erhalten.

Bei einer solchen Zielsetzung müssen wir einen Gartenteich gezielt pflegen und dafür sorgen, dass alle organischen Substanzen (Pflanzen, Pflanzenteile, Fischfutter, Kot der Fische und Vögel, absterbende Tiere) und Mineralien (Eintrag von Stickstoff und Mineralien aus der Luft), die in den Teich fallen, nicht faulen können.

Wir können mit teuren technischen Geräten, wie Pumpen und Filtern, arbeiten oder aber wesentlich kostengünstiger die mikrobiellen Verhältnisse mit EM1 beeinflussen. Je nach Zielsetzung, natürlichen Gegebenheiten und möglichem finanziellem Aufwand kann auch eine Kombination von Technik und Mikroben sinnvoll sein.

Im Folgenden werden wir Ihnen die möglichen Systeme vorstellen, die Ihnen bei geringstem Aufwand möglichst viel Freude am Wasser im Garten und im Swimmingpool bieten.

➤ 4 Gartenteiche

Gartenteiche – angelegt, um sich an schönen Wasserpflanzen oder offenen Wasserflächen im Garten zu erfreuen – bleiben nie, wie sie sind. Lässt man zum ersten Mal Wasser ein, färbt sich dieses im Sommer schon nach wenigen Tagen grün. In der Wärme entwickeln sich Algen und das Wasser wandelt sich in eine grüne, undurchsichtige Brühe.

Viele Fachunternehmen des Garten-, Landschafts- und Sportplatzbaus haben sich deswegen inzwischen auf die Anlage von Wasserelementen im Garten spezialisiert und bieten eine umfangreiche Planung und Beratung an. Im Regelfall wird nach den Wünschen des Kunden eine Grube ausgehoben. In diese wird eine spezielle Teichfolie eingebracht, die dafür sorgt, dass das Wasser nicht im Erdreich versickert. Diese Folien sind fast alle aus dem gleichen Material, werden aber in unterschiedlichen Stärken angeboten. Die notwendige Stärke für Ihre Teichgröße sollten Sie mit einem Fachmann diskutieren, ebenso den richtigen Unterbau. Bei großen Teichen ab $200\,m^2$ empfiehlt es sich meistens, eine mit Gewebe verstärkte Folie einzusetzen. Diese ist gegen mechanische Belastungen widerstandsfähiger, ist aber auch schwerer zu verlegen.

Für große und kleine Teiche gibt es inzwischen viele Fertigelemente aus Kunststoff, in denen man sein Gewässer einrichten kann. Diese verlangen jedoch eine sehr saubere Vorbereitung der Baugrube, die den Formen des Fertigelementes angepasst sein muss.

In der Praxis hat es sich als sinnvoll erwiesen, den Raum zwischen Formteilen und Baugrube sehr sauber mit feinem, rieselfähigem Sand zu verfüllen. Aber auch bei noch so sorgfältiger Planung und Ausführung verbleibt ein freier Raum zwischen dem Erdreich und der Kunststoffwand des Teichbehälters. Die Füllung sollte deshalb immer so eingebracht werden, dass das Niveau des Sandes mit dem einlaufenden Wasser übereinstimmt. So drückt der Wasserdruck die Kunststoffschale nicht gegen eventuell doch übersehene Steine in der Wand oder im Boden der Baugrube, was die Schale auf Dauer beschädigt.

Schon ein kleiner Teich von nur einem halben Quadratmeter ist schön. Steht mehr Platz zur Verfügung, sind den Gestaltungsmöglichkeiten kaum Grenzen gesetzt.

Für die fachliche Vorbereitung und Planung eines Teiches empfiehlt der Autor das Buch „Der Wassergarten", inzwischen in der achten Auflage bei Ulmer erschienen. Bisher hat die EM-Technologie dort noch keinen Einzug gehalten, was wohl spätestens in der übernächsten Ausgabe geschehen wird.

Erstaunlich ist das umfangreiche technische Zubehörangebot. Pumpen, Filter und UV-Lampen scheinen unbedingt nötig zu sein, damit ein Teich klares Wasser behalten kann. Algenmittel, Wasseranalysegeräte und viele andere technische Errungenschaften mehr beleben den Geschäftszweig der Gartenteiche. Auch in den Buchhandlungen finden wir mehr als 200 überwiegend sehr interessante Bücher über Gartenteiche.

Fast alle Gartencenter haben ein umfangreiches Angebot an Wasserpflanzen. So ist am Markt alles vorhanden, oft auch zu sehr erschwinglichen Preisen, um der Fantasie und den individuellen Vorlieben freien Lauf zu lassen.

Wasserflächen im Garten sind wunderschöne Biotope. Schon nach sehr kurzer Zeit siedeln sich die verschiedensten Tiere an, die man bisher nicht beobachten konnte: Libellen, Wasserläufer, Gelbrandkäfer und Amphibien. Diese Tiere haben sonst in

Im Baumarkt suggeriert solch ein beispielhafter Aufbau eines kleinen Fertig-Gartenteiches, dass Freude am Wasser im Garten einfach zu erwerben ist. Der technische Aufwand wird es schon richten. Doch die geringe Pflanzenmenge im Teich bei vielen Pflanzen rundherum kann nicht durch die gewaltige Leistung der zugeschalteten Pumpe ersetzt werden. Die zehnfache Pflanzenmenge, kombiniert mit nur einem Zehntel der Pumpleistung, würde für frisches Wasser sorgen. Mit ein bis zwei Liter EMa vier- bis fünfmal im Jahr und einer einmaligen Gabe von 500 g EM-X-Keramikpulver bleibt das Wasser garantiert klar.

unserer Umwelt wenig Platz, weil ihr Lebensraum an Wasser gebunden ist.

In unserer Kulturlandschaft haben wir in der Vergangenheit große Feuchtflächen trockengelegt. Wir wollen Flächen, die wir bewirtschaften können. Feuchtflächen sind für Menschen kaum nutzbar. Außerdem sind sie oft der Nährboden für Stechmücken und andere Lästlinge.

Gerade Amphibien haben es schwer. Sie brauchen zum dauerhaften Überleben Gewässer ohne Fische. Fische fressen gerne den Laich der Amphibien, sodass deren Fortpflanzung stark eingeschränkt wird.

Häufig erleben wir aber, dass solche von Menschenhand angelegten Biotope doch schnell auch von Fischen besiedelt werden. Enten und andere Wasservögel, die auf

Dieser Fischteich wurde nicht in den Boden eingelassen und friert im Winter bis auf den Grund zu. Deswegen überwintern die Fische im Aquarium im Haus. Hier braucht man im Jahr ein bis zwei Liter EM und den kleinen Springbrunnen, damit die Reste des Fischfutters und der Fischkot nicht faulen und das Wasser gesund bleibt. An diesem Mini-Teich erfreut sich Familie Gentz, www.eifelfarm.de

Sollte sich jedoch ein nordamerikanischer Ochsenfrosch ansiedeln, bleibt einem kaum etwas anderes übrig, als ihn zu jagen, wenn man Artenvielfalt haben will. Ochsenfrösche werden bis zu 2,5 kg schwer und schmecken so schlecht, dass sie weder von Storch noch Reiher gefressen werden. Sie selbst fressen alles, was ihnen vor das Maul kommt und minimieren so die Artenvielfalt. Der Ochsenfrosch ist ein typisches Beispiel dafür, dass man Tiere aus anderen Gebieten nicht so einfach irgendwo in der Welt ansiedeln sollte.

Warten wir besser auf die langsamen Besiedlungswege der Natur!

4.1 Wie ein Teich in der Natur funktioniert

Da Natur immer darauf ausgerichtet ist, mehr Leben hervorzubringen, siedeln sich an einem vom Menschen gestalteten Platz wie einem Teich alle Elemente der Natur an: Kleinstlebewesen, höhere Pflanzen und Tiere. Bei der Planung des Teiches sollte daran gedacht werden. Nicht das Gestaltungsbedürfnis des Menschen sollte im Vordergrund stehen, sondern die natürlichen Gegebenheiten.

der Wasserfläche ausruhen, bringen wahrscheinlich im Gefieder Fischlaich mit, der sich dann zu Fischen entwickelt. Die Entstehung solcher Kleingewässer ist ein Abbild der Entwicklungs- und Besiedlungsgeschichte der Erde und kann den geneigten Beobachter faszinieren.

Diese Teichanlage schafft in einem relativ kleinen Garten eine beschauliche Ruhezone. Das Wasser bleibt durch Umpumpen über einen kleinen Wasserlauf in Bewegung. Die Anzahl der Pflanzen im Bachlauf sollte noch we- *sentlich erhöht werden, damit auch in Zukunft das Wasser klar bleibt. Eine leichte Braunfärbung beim Algenbewuchs im Bachlauf zeigt an, dass die Nährstoffumsetzung noch nicht optimal verläuft.*

Und dazu gehört nun einmal, dass in unseren Breiten Teiche nur klar bleiben, wenn etwa ein Drittel ihrer Grundfläche einen intensiven Pflanzenbewuchs aufweist.

Zu einem Gewässer gehören flache und tiefe Wasserzonen und der Übergang zum festen Land ist im Regelfall nicht abrupt, sondern sanft.

Wasser und Land im Übergang ergeben immer ein besonders spannendes Biotop. Wasser liebende Landpflanzen und Land liebende

Wasserpflanzen finden hier ihr Zuhause. Dies ist die „Kinderstube" der Wassertiere, weil sie sich hier in einem geschützten Raum bfinden, und der Spiel- und Badeplatz für die Gartenvögel. Gleichzeitig hat der intensive Bewuchs auch eine Wasser reinigende Funktion. In diesem Bereich ist es sinnvoll, 5 bis 50 g EM-X-Keramik je Quadratmeter Teichfläche mit einzuarbeiten. Man sollte dort keine „Teicherden" verwenden. Als Grundlage für die Pflanzenwurzeln ist Lava- oder Zeolith-Splitt ideal.

Nur wenn die Erde wenig organische Nährstoffe hat, ziehen die Pflanzenwurzeln möglichst viele organische Reste aus dem Wasser heraus. Es dauert zwar etwas länger, bis die Pflanzen groß und kräftig sind, aber spätestens der nächste Laubfall im Herbst oder der Pollen- und Samenflug im Frühling werden so viele Nährstoffe eintragen, dass sich die Pflanzen dann gut entwickeln.

Soll ein Gewässer länger intakt bleiben, braucht es in unseren gemäßigten Zonen einen Tiefwasserbereich. Dessen notwendige Tiefe ergibt sich aus dem Zusammenwirken der Lebensansprüche von Tieren und Pflanzen und den physikalischen

Eigenschaften des Wassers. Leben braucht Wärme und Wasser. Wasser hat bei einer Temperatur von 4 °C die größte Dichte und sinkt in diesem Zustand immer an die tiefste Stelle eines Gewässers. Fische und Amphibien können bei 4 °C überwintern, da sich ihre Körpertemperatur an die der Umgebung anpasst. Wenn sie einfrören, würden sie nicht überleben. Also sind diese physikalischen Anomalien des Wassers eine sehr intelligente Strategie der Natur, die allen Beteiligten das Überleben sichert.

Das Eis des Winters schwimmt somit über der 4 °C warmen Wasserschicht. Es isoliert und schützt das Wasser vor weiterem Energieverlust, vor weiterer Auskühlung. So sind die Tiere geschützt.

Ist das Wasser nicht tief genug, dringt der Frost trotz der Isolierung weiter in die Tiefe und erreicht die überwinternden Tiere. Sie erfrieren dann.

Im Rheinland sind bei den zu erwartenden Kälteperioden bei einem Überwinterungsplatz 1,50 m Wassertiefe, in Bayern 2 m und mehr einzuplanen. Haben Sie die technischen Möglichkeiten und den Platz, einen Teich mit mehr als 2 m Tiefe anzulegen, wird sich dieser ziemlich sicher

Zugefrorene Eisdecke mit Pflanzenstängeln und Luftblasen unter Eis.

zu einem stabilen Biotop entwickeln können. Denn das tiefe Wasser ermöglicht es den Lebewesen, sich dahin zu begeben, wo es im Sommer kühler und im Winter wärmer bleibt. Sie können sich ihren Lebensraum nach Bedarf aussuchen. Je flacher ein Gartenteich ist, desto mehr Probleme wird er Ihnen bereiten.

Auch Pflanzenstängel, die die Eisschicht des Winters durchdringen, sind für die Unterwassertiere nützlich. An den Stängeln entlang kann ein geringer, aber notwendiger Luftaustausch stattfinden. Das Leben am Teichgrund verbraucht Sauerstoff und atmet CO_2, also Kohlendioxid, aus. Wird die Konzentration an CO_2 zu groß, kann das für die Unterwassertiere lebensbedrohlich werden.

CO_2 kennen Sie als Gas im Mineralwasser. Es steigt nach oben. Auch im winterlichen Teich steigt das Gas auf und bildet unter dem Eis eine tödliche Schicht für das sauerstoffbedürftige Leben. Kann es jedoch entlang der Stängel entweichen, sinkt die Bedrohung für die Tiere.

Hat man keine oder noch zu wenige Pflanzen im Teich, kann man auch kleine Bündel aus Schilfrohr oder Stroh in der Oberfläche des Teiches mit einfrieren lassen. Diese Art „Durchbruch" durch die Eisdecke praktizieren viele Fischteichbetreiber. Da in Produktionsanlagen nur wenige Wasserpflanzen wachsen können, bringen Fischproduzenten auch heute noch Strohbündel in die Eisdecke ein.

Einen weiteren natürlichen Mechanismus sollte man beachten. Unterwasserpflanzen nehmen CO_2 auf und bilden unter Lichteinfluss aus den im Wasser schwimmenden Nährstoffen weitere Pflanzenmasse. Gleichzeitig setzen sie dabei entsprechend viel Sauerstoff frei. Das dient dem Leben unter Wasser. Krebsschere, Tausendblatt oder die Wasserpest haben auch bei niedrigen Temperaturen einen relativ aktiven Stoffwechsel. Wenn sie heranwachsen, bedeutet das aber auch, dass sie irgendwann wieder absterben. So sinken auch während des Winters absterbende Pflanzenteile nach unten, wodurch die Tendenz zur Fäulnis ansteigt.

Fäulnis ist immer sauerstoffzehrend und produziert CO_2 sowie Faulgase. Die Überlebenschancen der Unterwassertiere werden dadurch weiter vermindert. Also ist es auch im Winter wichtig, dass das Sediment des Teiches nicht fault und somit nicht stinkt.

4.2 EM-Einsatz im Gartenteich

Bisher wurde deutlich, dass stehende Gewässer ein besonderes Management brauchen, damit sie nicht verlanden. Nun zeige ich Ihnen, wie Sie mit EM kostengünstig Ihren Teich so führen, dass Sie möglichst klares Wasser behalten und der Teich viel Freude macht.

4.2.1 Den Kreislauf der Algen unterbrechen

Hier kommen wir zu den Anwendungen und Vorgehensweisen, die wir routinemäßig empfehlen. Zuerst die Diagnose: Halten Sie einen Zollstock ins Wasser und lesen Sie ab, bis zu welcher Tiefe die Zahlen erkennbar

sind. Damit haben Sie die Sichttiefe festgestellt. Notieren Sie sich den Wert, damit Sie in den nächsten Wochen und Monaten verfolgen können, wie sich die Sichttiefe verändert.

Erfahrene Teichbesitzer wissen, dass die Sichttiefe innerhalb kürzester Zeit großen Veränderungen unterliegt. Fast jeder hat schon beobachtet, dass ein Teich im Sommer nach einem Gewitter trüb wird.

Gemeint sind hierbei keine Teiche mit fließenden Gewässern. Dort werden durch den Regen viele Bodenbestandteile eingespült, feinste Mineralien, die dann als Schwebstoffe im Wasser die Trübung hervorrufen. Gemeint sind stehende Teiche, in die durch den Regen allerlei Staub aus der Luft eingebracht wird. Staub enthält natürlich auch mineralische Anteile, besteht aber zu hohen Anteilen auch aus organischen Stoffen. Gerade wenn Nadelbäume oder andere Pflanzen mit sehr vielen Pollen blühen, kommen mit dem Regen hochwertige Eiweiße ins Wasser, die sehr viel Stickstoff enthalten. Hinzu kommt der stickstoffhaltige Vogelkot.

Für die Messung der Sichttiefe in einem Gewässer gibt es spezielle Messgeräte. Zur Not kann man zur Diagnose auch einen Zollstock oder den Arm nutzen.

Samenflug im Frühjahr bringt große Mengen sehr hochwertiger Eiweißverbindungen in jedes Gewässer. Das ist eine sehr intensive Düngung mit Stickstoff, der wesentlicher chemischer Bestandteil der Eiweißverbindungen ist. Der Teich muss dieses Eiweiß verdauen und neue Pflanzen daraus entstehen lassen.

Stickstoff regt das Pflanzenwachstum intensiv und schnell an. Nicht zu vergessen sind die Stickoxide (NO_x) der Autoabgase, die auch in den Teich gespült werden.

Werden mit dem Regen solche gesundheitsschädlichen Bestandteile von Abgasen oder auch von verdunsteten Pflanzenschutzmitteln eingetragen, wird es problematisch. Wer sich näher über Mengen und Art der schädlichen Substanzen informieren möchte, kann solche Zahlen und Fakten aus Untersuchungen des Umweltbundesamtes unter www.umweltbundesamt.de abrufen.

Regen bringt also grundsätzlich Schadstoffe und Nährstoffe ins Wasser ein. Die Schadstoffe töten je nach Konzentration mehr oder weniger viele kleinste Wasserlebewesen ab, die dann im Teich als zusätzliche Nährstoffe zur Verfügung stehen. Der

In diesem mit Nährstoffen überversorgten Teich schwimmen so viele Algen, dass man sie mit der Hand abschöpfen kann. Auch mit EM-Technologie wird es mehr als ein Jahr dauern, bis diese vielen Nährstoffe in Pflanzen eingebaut worden sind. Trotz relativ großer Filter konnte der Zustand nicht verbessert werden.

Teich muss das abgestorbene Leben verdauen.

Gemeinsam mit den eingetragenen Nährstoffen dienen diejenigen, die schon im Teich sind, dem Algenwachstum. Die vielen neu entstehenden Algen trüben das Wasser. Da hilft kurzfristig kein Filter, sondern man kann nur abwarten, bis sich im Teich wieder ein Gleichgewicht einstellt.

Ähnliche Probleme haben Teichbesitzer, deren Teich über einen Bach gespeist wird. Wird oberhalb gedüngt oder gespritzt, haben sie einen unerwarteten Eintrag in das Biotop Teich. Wenn der Teich richtig geführt wird, hilft auch hier, zunächst einmal abzuwarten.

Zweiter Teil der Diagnose: Greifen Sie an verschiedenen Stellen auf den Boden des Teiches – manchmal muss man dafür sogar tauchen – und prüfen Sie den Schlamm, den Sie heraufholen.

Bezeichnenderweise las ich vor einigen Tagen in einer Fachveröffentlichung den Begriff „mud" (engl. für „Schlamm, Dreck, Matsch"). Dieser populäre Ausdruck lässt darauf schließen, dass das Sediment nicht angenehm riecht. Die Ablagerungen auf einem Teichgrund sollten vergleichsweise angenehm riechen – ein wenig nach Waldboden.

4.2.2 Den Schlamm im Teich in Bewegung bringen

Jeder noch so leichte Anflug eines Geruchs von faulen Eiern (Schwefelwasserstoff) weist auf Fäulnis hin. Eiweiße, also ehemals Lebendiges, können nicht wieder in den Kreislauf des Biotops eingebunden werden und es kommen Zersetzungsvorgänge (Verwesung) in Gang, die auf die Abwesenheit von Sauerstoff schließen lassen.

„Faulen" nennen wir einen Vorgang, bei dem für die Pflanzen und meistens auch für Mensch und Tier giftige Stoffe entstehen, die fast immer übel riechen. So schützt uns die Natur vor solchen Stoffen. Sie zeigt an, dass „etwas faul" ist.

Diese Stoffe brauchen mikrobielle „Spezialisten", die die lebensfeindlichen Stoffe zu lebensfördernden umbauen. Solche Spezialisten haben wir in EM.

Natürlich können Sie in einem dritten Schritt auch noch alle anderen üblichen Diagnosemöglichkeiten nutzen, z. B. ist auch der pH-Wert ein wichtiger Parameter. Wer sich wissenschaftlich damit auseinandersetzen will, dem empfehlen wir, in www.wikipedia.org nach „pH-Wert" zu suchen.

Der pH-Wert von Wasser sollte immer um den Wert 7 liegen. Ein pH-Wert von 7 zeigt an, dass das Wasser in einem neutralen Zustand ist. Ist er tiefer, nennen wir das Wasser sauer. Bei einem pH-Wert von 2 sind wir schon beim Essig. Batteriesäure hat einen pH-Wert von 0,5, Cola liegt bei 2 bis 3. In den Hoch-Zeiten des sauren Regens wurde über Seen berichtet, deren pH-Wert unter 3 lag, die also tatsächlich so sauer wie Essig waren.

Normalerweise wird bei zu saurem Wasser die Einbringung von Kalk empfohlen. Wir arbeiten in solchen Situationen lieber mit Zeolithen oder Basaltmehlen (Mehl aus vulkanischem Gestein).

Diese Urgesteinsmehle setzen wir auch ein, wenn das Wasser einen pH-Wert über 7 hat. Dieser Bereich heißt basisch oder alkalisch. Der höchstmögliche pH-Wert liegt bei 14, wie bei extrem alkalischer Seife. Meerwasser ist normalerweise ebenfalls leicht alkalisch und liegt bei pH 8.

Die meisten faulenden Prozesse laufen auch im alkalischen Bereich ab. Gibt man hier Torf, der aus dem sauren Moor kommt, oder auch Stroh in den Teich, ist das hilfreich. Einige Teichbesitzer scheuen jedoch den Einsatz von Stroh und Torf, weil diese das Wasser einfärben. Der Vorteil, den diese Substanzen bieten, ist allerdings, dass auch sie gute Siedlungsplätze für Mikroben sind und selbst so gut wie keine schnell verfügbaren Nährstoffe bieten. Der Hauptbestandteil ist Kohlenstoff in den holzigen Teilen, der der Umgebung Stickstoff entzieht. Zusätzlich geben diese Stoffe Säuren ab, die für das Leben im Teich förderlich sind und die Alkalität puffern.

Es gibt aber auch Lebewesen, die alkalisches Wasser bevorzugen. Aquarianer wissen, dass dies zum Beispiel bei Skalaren oder Diskusfischen der Fall ist, die ein leicht alkalisches Wasser mit einem Wert von pH 8 favorisieren.

Nachdem nun der unbefriedigende Ausgangszustand festgestellt und dokumentiert ist, geht es an die Therapie: Aus den bisherigen Ausführungen haben Sie entnommen, dass die Zusammensetzung der Mikroben im Sediment des Teiches für die optische Schönheit und die Gesundheit des Teiches eine große Rolle spielt. Also müssen die Mikroben, unsere Reparaturspezialisten, sich an dem Ort einnisten, an dem die meisten Probleme entstehen.

Im und auf dem Sediment sammelt sich letztendlich alles absterbende organische Material. Hier müssen die Effektiven Mikroorganismen als Reinigerkolonne vorhanden sein und das organische Material umwandeln.

4.2.3 EM1 – eine Zusammensetzung aus vielen verschiedenen Spezialisten

Die Effektiven Mikroorganismen sollten Sie sich als eine arbeitsteilig funktionierende Mannschaft vorstellen. Manche von ihnen bearbeiten gerne Stickstoff, andere am liebsten faulende Masse und wieder andere verarbeiten gerne Zucker. Nur im Team erzielen sie ein zufriedenstellendes Ergebnis. Zufriedenstellend für alle Mikroben ist, wenn sie sich langfristig erhalten können und wenn sich zudem eine Art oder eine Artengruppe so ausbreitet, dass sie die Dominanz übernimmt.

Die Mikroben lassen Ihnen also die Möglichkeit, die Dominanz der einen oder der anderen Gruppe zu fördern. Für die Natur ist es gleichwertig, ob sie eine faulende oder eine eher verrottende organische Umsetzung erreicht. In beiden Fällen bleiben alle Mikrobenfamilien erhalten.

Fault organisches Material, entsteht eine Vorstufe des Erdöls, einem Stoff, den die Natur bildet, um damit CO_2 aus der Luft einzulagern. Damit schafft sich die Erde eine Lagermöglichkeit für den Überfluss, den die Natur produziert.

Übernehmen jedoch die Mikroben bei der von uns erwünschten Umsetzung die Regie, führt dies zu einem stärkeren Pflanzenwachstum und es entsteht ein Überfluss an Lebendigem, was uns als Menschen, die nur kurze Zeit diesen Planeten bevölkern, eher erfreut.

Mikroorganismen im labilen Gleichgewicht

krankheitserregende Mikroorganismen natürliche Mikroorganismen nützliche Mikroorganismen

Es gibt nur wenige Mikrobenarten, die ein Milieu verändern können. Die meisten Mikrobenarten leben einfach so vor sich hin und folgen in ihrer Lebensführung der Gruppe, die die Dominanz übernimmt.

Mikroorganismen im stabil unerwünschten Milieu

krankheitserregende Mikroorganismen natürliche Mikroorganismen nützliche Mikroorganismen

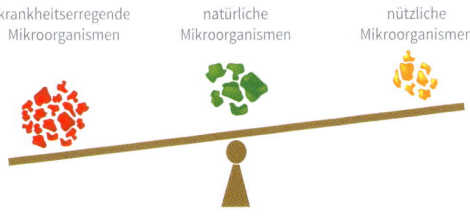

Auffällig ist, dass nur sehr kleine Gruppen von Mikrobenfamilien bestimmen, ob ein Biotop, hier das Sediment eines Teiches, sich in eine für uns erwünschte oder unerwünschte Richtung entwickelt.

Mikroorganismen im stabil erwünschten Milieu

krankheitserregende Mikroorganismen natürliche Mikroorganismen nützliche Mikroorganismen

Stärken wir mit EM-Technologie die Mikrobenfamilien, die ein für uns erwünschtes Ergebnis herstellen, ist der Erfolg der Maßnahme sicher.

Beide Wege sind möglich und für die Natur gleichwertig. Die Natur tötet nicht, sie vernichtet nicht, sondern hat viele verschiedene Systeme. Sie sichert eine langfristige Funktion der Erde und stärkt in der Summe die Artenvielfalt.

Nun wollen wir einen klaren Teich. Wir Menschen lieben die Klarheit des Wassers. Wir wollen doch sehen, was sich auf dem Grund unseres Teiches abspielt. Also stärken wir die Familien der Mikroben, die dafür sorgen, dass der Teich klar bleibt, an der Stelle, an der die Natur einen Entscheidungsspielraum eingeplant hat.

Wir bringen die Mikrobenmischung, unser EM, ins Sediment und achten dabei darauf, dass die Spezialisten, die nach dem Plan der Natur zusammenwirken, auch zusammenbleiben.

Zuerst schaffen wir den Mikrobenfamilien einen Siedlungsplatz, ein „Haus". Mikroben mögen vielseitig zusammengesetzte Mineralien. Die am vielseitigsten zusammengesetzten Mineralien finden sich in den Urgesteinsmehlen. Solche Mehle aus vulkanischem Gestein haben alles Mineralische, was das Leben so braucht. Deswegen sind Böden aus Vulkanerde so fruchtbar. Am bekanntesten und am einfachsten im Handel zu erwerben sind Basaltmehle und Zeolithmehle. Sie haben je nach Vermahlungsgrad eine Oberfläche von $40\,000\,m^2$ pro Kilogramm als Feinmehl oder $400\,m^2$ pro Kilogramm als Splitt.

Zeolithe haben zudem noch den Vorteil, dass sie sehr porös sind. In ihren kleinen Hohlräumen siedeln Mikroben sehr geschützt. Dort haben sie die Muße, die sonst nicht zur Verfügung stehenden Mineralien aus dem Gestein zu lösen, wenn mal nicht genug von dieser Sorte im Wasser herumschwimmen.

4.2.4 EM-X-Keramikpulver und Gesteinsmehl – Dangos für den Schlamm

An dieser Stelle setzen wir eine weitere Komponente aus der EM1-Technologie hinzu: das EM-X-Keramikpulver. Wenn Sie mehr über EM-X-Keramik, deren Herstellung und Wirkungsweise wissen wollen, empfehle ich Ihnen das Buch „EM-Lösungen – Haus und Garten" von Ernst Hammes und Gisela van den Höövel.

Das Handelsprodukt aus EM-X-Keramik „EM-Super-Cera-Pulver" eignet sich hervorragend zum Einmischen in die Urgesteinsmehle. Diese Mischung wird mit EMa oder EM1 zu einer Teigmasse verrührt. Der Teig sollte eine solche Feuchtigkeit haben, dass man daraus kleine Kugeln formen kann. Diese Kugeln, in der EM-Fachsprache „Dangos" genannt, sollte man möglichst ein paar Tage antrocknen und reifen lassen. Dabei werden die Mikroben an das Gesteinsmehl gebunden. Wenn Sie nur wenig Zeit haben, können Sie diese einfachen Dangos auch schon nach einer halben Stunde benutzen. Besser ist aber eine

Dieser EM-Teich im Garten von Walburga Böll ist an der tiefsten Stelle circa 1,50 m tief. Mit EM wurde eine etwa 20 cm dicke Schlammschicht abgebaut. Die im Teich eingebaute Pumpe sorgt für regelmäßige Wasserbewegung. Sie zieht in etwa 50 cm Tiefe das Wasser in einen Bachlauf und bringt so Sauerstoff in den Teich ein.

In 15 Jahren hat sich ein wunderschönes Biotop entwickelt. Zur Pflege reichen im Jahr trotz Laubeintrag von Nuss- und Kirschbäumen des Nachbargartens zwei bis drei EM-Gaben zu je 7 bis 10 Litern und ein regelmäßiges Abernten der üppig wachsenden Wasserpflanzen.

Ich würde noch etwas mehr (20 g je Quadratmeter) EM-Keramik-Pulver einsetzen und so das leichte Aufkommen von braunen Algen in ein Aufkommen von grünen Algen umwandeln.

Mit „Dangos" bezeichnet man in der EM-Fachsprache kleine Bällchen aus Gesteinsmehl, EM-X-Keramikpulver und EMa.

Wenn man die Dangos einige Tage reifen lässt, bildet sich an der Oberfläche eine Pilzschicht. Diese Pilzschicht riecht nach Waldboden und unterstützt die Wasserreinigung.

Reifezeit. Die Natur beansprucht Zeit und kennt keine Hetze.

Die Dangos wirft man nun in den Teich. Sie sinken schnell und sicher auf den Grund und nehmen wie in einem „Fahrstuhl" die Mikroben mit an ihren Arbeitsplatz.

Pro Quadratmeter Grundfläche des Teiches rechnet man 100 g Urgesteinsmehl, 5 bis 50 g EM-Super-Cera-Pulver und etwas EM1 oder EMa, um die pulvrige Mischung anzufeuchten.

Urgesteinsmehl kauft man im Landwarenhandel, Gartencenter oder Gartenfachhandel. Je nach Gebindegröße kostet es aktuell 0,40 bis 2,– € pro Kilogramm.

EM-Super-Cera-Pulver kostet aktuell 15 bis 38 € pro Kilogramm, je nach Gebindegröße. EM1 kostet etwa 30 €

pro Liter; und wenn Sie selbst EMa aus EM1 herstellen, sinken die Kosten auf 1,60 bis 0,90 € pro Liter, je nachdem in welchen Gebindegrößen Sie die Ausgangsprodukte einkaufen. Die Kosten pro Quadratmeter für diese meist nur einmal notwendige Grundbehandlung liegen unter diesen Bedingungen bei etwa 0,30 € bis 3 € und haben sich in den letzten 20 Jahren kaum verändert.

Die Menge an EM-Super-Cera-Pulver, die man einsetzt, hängt von der Problemlage des Teiches ab. Hat man sehr viele übel riechende organische Ablagerungen, also mehr als 20 cm auf dem Teichgrund, sollte man eine große Menge nehmen.

Ist das Problem noch nicht so groß geworden oder hat man gerade einen neuen Teich angelegt, reichen nach den bisher gemachten Erfahrungen die kleinen Mengen.

Diese Teichbehandlung führt man normalerweise nur ein einziges Mal durch. Dann hat man mit den Urgesteinsmehlen eine Basis geschaffen, sodass sich die Mikrobenfamilien aus EM dauerhaft im Teich einrichten. Je besser die Dangos gereift sind, desto nachhaltiger und wirksamer ist diese Maßnahme. Rezepte für die besonders wirksamen und preiswerten Dangos finden Sie in Kapitel 11.3.

4.2.5 EM1- oder EMa-Lösung

Man kann immer sowohl die Mikrobenlösung EM1, die man fertig kauft, oder die selbst vermehrten Mikroben, das EMa, benutzen. Es ist eine Frage der Kosten und der Arbeit, die Sie aufwenden wollen. Die Rezepturen finden Sie in Kapitel 11.1.

Normalerweise rechnen wir je Behandlung mit einem Einsatz von einem Liter EM1 oder EMa je zehn Kubikmeter Wasser. Ein Teich, der 3x3 Meter Grundfläche hat und im Durchschnitt gut einen Meter tief ist, hat etwa zehn Kubikmeter Wasser.

Bei der ersten Behandlung würden wir zwei bis zehn Liter in einen solchen Teich geben; später, zur Erhaltung des erwünschten Zustandes, einen Liter.

In einen neu angelegten Teich gibt man bereits von Anfang an Dangos mit auf den Teichboden, so wie es oben beschrieben wurde. Vor der Erstbefüllung sollte man den Teichboden zusätzlich mit 100 bis 200 ml EM1 oder EMa pro Quadratmeter begießen.

Wir gehen an dieser Stelle davon aus, dass der Boden mit Lava- oder Zeolithsplitt oder einem gut gewaschenen Sand abgedeckt wurde.

Als Sand verwenden wir immer gut gewaschenen Maurersand oder Flusssand mit einer Körnung von 1 bis 3 mm. Dort etablieren sich einige Mikroben, andere werden bei der Befüllung mitgespült und durch das Wasser gewirbelt.

Sollten Sie mit Teicherden gearbeitet haben, empfehlen wir, die EM-Menge zu verdoppeln. Teicherden haben meist schon ein großes Fäulnispotenzial, weil bei der Herstellung nicht auf die mikrobielle Zusammensetzung geachtet wird. Das Wissen darüber ist noch nicht sehr verbreitet.

Ein mit EM-Technologie vorbereiteter Teichgrund eignet sich

hervorragend für die Ansiedlung von Unterwasserpflanzen. Sie leben von den Nährstoffen, die sonst den Algen als Nahrung dienen würden, und produzieren Sauerstoff für alles tierische Leben im Teich.

Die Unterwasserpflanzen kann man natürlich auch abernten und so die Nährstoffe auf den Komposthaufen bringen. Das macht man vielleicht einmal im Jahr oder alle zwei Jahre, je nachdem wie viele Nährstoffe von außen der Teich zu verdauen hat.

4.2.6 EM1/EMa in einen Teich einbringen

Bereits bestehenden Teichen fügt man das EMa zu, indem man einen Eimer Wasser entnimmt, dort das EM beigibt und die Lösung in hohem Bogen zurück in den Teich gießt. Die Mikroben verbinden sich mit den im Wasser vorhandenen Schwebstoffen und tun dort ihre Arbeit. Genauso einfach kann man das EM-Wassergemisch mit der Gießkanne verteilen.

Ist im Gewässer ein Bachlauf oder eine Wasserquelle eingebaut, kann man an diesem Ort ohne großen Aufwand EM einlaufen lassen. Es verteilt sich im Wasserlauf durch die Wasserbewegung.

Hat man einen kleinen Wasserlauf in die Teichanlage integriert, kann sich die EM-Lösung im Teich darüber verteilen. Gießen Sie das EM dabei jedoch nach und nach in den Wasserlauf, damit Sie keine dramatischen pH-Wert-Veränderungen hervorrufen.

Wir stellen im Regelfall einen Kanister mit EMa an den Rand des Bachlaufs, öffnen den Deckel des Kanisters ein wenig, sodass ein 10-Liter-Kanister über eine oder zwei Stunden leer läuft. Man braucht nicht dabeizubleiben und hat dadurch weniger Arbeit.

Auf größeren Teichen haben wir schon Kanister mit EMa auf Ruderboote geladen und von dort aus ausgebracht. So findet der kreative Teichbesitzer immer eine passende Technik, die notwendige EM-Menge ins Wasser zu bringen.

Diese Behandlung ist je nach Ausgangssituation mehrere Male zu wiederholen. Bei schwierigen Bedingungen empfehlen wir Wiederholungen nach jeweils drei bis vier Wochen, so lange, bis sich der erwünschte Wasserzustand einstellt. Sind die Teiche einmal stabil und findet nicht zu viel außergewöhnlicher Nährstoffeintrag statt, reicht es in den meisten Fällen, ein- bis dreimal pro Jahr EM einzusetzen. Wählen Sie die Ausbringtechnik, die Ihnen am besten liegt. An jedem Teich, an jedem Gewässer ist die Situation anders. Machen Sie es sich einfach.

4.2.7 Erfolgskontrolle

Doch aufgepasst: Frust lauert überall. Den schönsten dokumentierten Kommentar zur EM-Anwendung in Teichen gab ein Gastwirt aus Bayern, als er von einem Reporter nach seinen Erfahrungen gefragt wurde. Er beschrieb, wie er nach den Anweisungen seines EM-Beraters seinen Forellenteich behandelt hatte. Nach einigen Tagen sei dieser völlig grün und voller Algen gewesen.

„Da hab ich gedacht, die haben mich verar…", war sein erster Gedanke, wie er so schön sagt. Aber dann stellte er fest, dass seit dieser Zeit keine Fische mehr starben. „Einige Wochen später, wumms", sagte der Gastwirt, „war der Teich glasklar."

Selbst wenn Ihr Teich nach einem halben Jahr nicht glasklar ist, können Sie prüfen, ob die Effektiven Mikroorganismen arbeiten oder nicht. Dazu prüfen Sie den Geruch des Sediments. Hat er sich verändert? Wenn es nicht mehr übel riecht, tun die Mikroben ihre Arbeit.

Der Besitzer mehrerer Naturteiche auf einem wunderschön gelegenen Grundstück in der Eifel glaubte nach einem halben Jahr nicht mehr an den Erfolg und an die Versprechungen des EM-Beraters. Bei einem der behandelten Teiche ließ er den Schlamm ausbaggern. Der Baggerfahrer machte ihn darauf aufmerksam, dass der ausgebaggerte Schlamm nicht übel roch. Der Gärtner, der den Schlamm auf dem Grundstück verarbeitete, wunderte sich, dass schon nach wenigen Tagen auf den Flächen, auf die er den Schlamm verteilt hatte, erste Kräuter wuchsen. Es hatte wohl doch eine Veränderung stattgefunden.

Vollends überzeugt war er aber erst im nächsten Frühjahr. Die Teiche, die nur mit Dangos und EM behandelt worden waren, wurden zusehends klarer. Der Teich, der für viel Geld ausgebaggert worden war, wurde trüber und trüber. Dort war das ökologische Gleichgewicht gestört und musste erst wieder hergestellt werden.

Wird ein Teich nicht klar, besteht meistens ein Ungleichgewicht zwischen Nährstoffeintrag und Pflanzen, die die Nährstoffe wieder in Pflanzenmasse verstoffwechseln. Manchmal liegt es auch an zu geringen EM-Gaben.

Denken Sie deshalb immer an den Grundsatz, dass ein Drittel der Fläche des Teiches mit Pflanzen bewachsen sein sollte. Sie sind es, die das Wasser klären. Die EM-Technologie ist nur eine Hilfe, damit die in den Teich eingetragenen Nährstoffe von den Pflanzen besser aufgenommen werden können, ohne zu faulen.

4.3 Fahrplan zur Teichsanierung mit EM1-Technologie

Die EM1-Technologie in Gewässern kann fast das ganze Jahr über eingesetzt werden, außer natürlich im Winter, wenn die Wasserflächen zugefroren sind.

Bei Frost sterben die Effektiven Mikroorganismen nicht ab, sondern gehen in ein Sporenstadium über, das auch als Ruhephase bezeichnet werden kann. Sobald die Temperatur ansteigt, beginnen sie wieder Nahrung aufzunehmen, sich zu vermehren und organisches Material umzusetzen.

Bei welchen Temperaturen sie arbeiten wird in der Literatur sehr unterschiedlich beschrieben. Einige Quellen sprechen von 5 °C, andere

Geschätzte Anzahl der wichtigsten Arten von Lebewesen		
	Anzahl der beschriebenen Arten	Geschätzte Anzahl an Arten	Bekannte Arten in %
Mikroorganismen			
Bakterien	5000	1 000 000	0,5
Pilze	72 000	1 500 000	5
Protozonen	40 000	200 000	20
Algen	40 000	400 000	10
Pflanzen	270 000	320 000	84
Tiere			
Nematoden	25 000	400 000	6
Insekten	950 000	8 000 000	12
Wirbeltiere	45 000	50 000	90

Quelle: Rundgespräche der Kommission für Ökologie, Nr. 23, München 2002, Seite 15

von 10 °C. Wieder andere berichten, dass mikrobielles Leben auch bei 0 °C wahrnehmbar sei.

Eindeutig ist nur, dass die Mikroben, die in der menschlichen oder tierischen Verdauung tätig sind, bei 37 °C ihre optimalen Lebensbedingungen haben.

Man sollte dabei jedoch nicht vergessen, dass die Wissenschaft bisher weniger als 0,5 % der möglicherweise auf unserem Planeten lebenden Bakterien kennt. Wie sollen wir dann Aussagen über ihre Lebensbedingungen machen können? Wir können uns bei solchen Fragestellungen also nur auf unsere Sinne verlassen.

Wir haben beobachtet, dass ein Beginn der EM-Gaben sowohl im Winter, im Herbst, im Frühjahr als auch im Sommer in Gewässern eine nachhaltige Wirkung zeigt.

Nach der Behandlung sollten Sie den Teich beobachten. Normalerweise ist er jetzt stabil. Es kann aber auch sein, dass im folgenden Jahr die intensive Behandlung fortgeführt werden muss. Dies ist besonders bei Gewässern sinnvoll und nötig, deren Grund von einer besonders dicken Faulschicht bedeckt ist. Einen ersten Hinweis darauf erhalten Sie, wenn Sie im ersten Sommer nach Beginn der EM-Behandlung bei steigenden

Fahrplan zur Teichsanierung (Richtwerte*)

Tag 1:
Zugabe von Dangos und erste Gabe von EM (bei sehr schlechten Ausgangsbedingungen bis zu 1 l EM pro Kubikmeter Teichwasser, mindestens 1 l EM pro 10 m^3 Teichwasser)

Tag 14:
Zweite Gabe von EM (Dosierung wie bei Tag 1)

Tag 28:
Dritte Gabe von EM (Dosierung wie bei Tag 1). Wenn die EM-Behandlung in der Zeit zwischen April und Mitte August begonnen wurde, müssten nun die ersten positiven Reaktionen (Geruchsveränderungen im Sediment) wahrnehmbar sein.

Tag 56:
Vierte Gabe von EM (je nach Zustand 1 l EM auf 5 bis 10 m^3 Teichwasser)

Tag 84:
Fünfte Gabe von EM (1 l EM je 10 m^3 Teichwasser)

Tag 108:
Sechste Gabe von EM (wie Tag 84)

* keine Rezepte

Wassertemperaturen beobachten, dass sich vom Grund des Teiches Faulschichten lösen und zur Oberfläche aufsteigen.

Kein Problem, sie lösen sich in recht kurzer Zeit auf. Dennoch ist dies immer ein kritischer Moment für das gesamte Leben im Teich. Es werden schlagartig eine Menge Faulstoffe freigesetzt, die dem Wasser viel Sauerstoff entziehen. Im schlimmsten Fall werden einige Fische und viele sauerstoffbedürftige Kleinstlebewesen sterben.

Je dicker die Faulschlammschicht ist, desto öfter und intensiver treten solche dramatischen Ereignisse ein, was dank der Effektiven Mikroorganismen jedoch nicht lange anhält. Das Biotop des Teiches reguliert sich so, dass die organische Substanz problemlos von den Pflanzen im Teich verzehrt und in Pflanzenmasse umgewandelt wird.

Nun gilt es, in der Zukunft den Überschuss an Pflanzenmasse immer wieder aus dem Teich zu entfernen. Am einfachsten geht das im Winter, wenn der Teich gefroren ist: Alle über das Eis hinausragende Pflanzenteile abschneiden und auf den Komposthaufen bringen.

Seerosen sollen in tieferes Wasser gepflanzt werden, sagen die Fachleute. Wir empfehlen, die Seerosenpflanze in einen Pflanzkorb mit Lava-Brocken und -Splitt zu setzen und diesen dann auf einen stabilen umgedrehten Korb zu stellen. Die Wurzeln wachsen aus dem Pflanzkorb heraus und die Seerose nimmt Nährstoffe aus dem Wasser auf. So wird das Wasser effektiv gefiltert. Wenn die Seerose zu groß wird, kann man sie dem Teich entnehmen und verkleinern.

4.4   Weitere Teichpflege

Seerosen bekommen immer wieder gelbe Blätter. Schneiden Sie diese immer gleich ab und geben Sie sie auf Ihren Komposthaufen.[1] Im späten Herbst oder im Winter, wenn die Blätter der Pflanzen absterben, sollten Sie diese ebenfalls abschneiden und auf den Kompost geben. Damit sammeln Sie die übers Jahr in den Teich eingetragenen Nährstoffe und können sie in Ihrem Garten in Blumen und Gemüse „verwandeln". Lassen Sie die absterbenden Blätter und Stängel jedoch in das Wasser fallen, düngen Sie den Teich.

Früher – teilweise auch heute noch – wurden die pflanzlichen Erträge der Gewässer vom Menschen genutzt. Im Herbst und Winter wurde z. B. Reet geerntet, das als Eindeckmaterial für Dächer diente.

Haben Sie nur geringe Nährstoffeintragungen und geringe Störungen durch Schadstoffe aus der Luft, ist

---

[1] Die unproblematische Führung eines Komposthaufens ist im Buch *EM-Lösungen Haus und Garten* beschrieben.

Ein Reetdachhaus bietet einen guten Schutz vor Witterungseinflüssen.

eine einmalige EM-Gabe im Frühjahr der Folgejahre ausreichend. Sollten sich erneut intensive Trübungen einstellen, geben Sie einige Male EM. Vergessen Sie aber nie, die Pflanzen im Winter abzuernten.

4.5 Fadenalgen und andere Algen

Fadenalgen sind immer ein Anzeichen von zu viel Phosphor und manchmal auch von Schwermetallen im Wasser. Diese Stoffe sind nur sehr schwer zu binden. Algen sind es, die diese Aufgabe übernehmen. Es ist also sinnlos, Algenvernichter einzusetzen, denn dadurch bringen Sie die gebundenen Stoffe wieder in den Kreislauf des Wasserbiotopes zurück. Sinnvoller ist es,

die Fadenalgen mit einem Rechen aus dem Wasser zu fischen. Auf dem Kompost können kritische Nährstoffe verwertet und wieder dem Boden zugeführt werden, wo sie ja herkommen.

Manchmal sind auch mineralische Nährstoffbinder sinnvoll, die sowohl Phosphate als auch Schwermetalle anlagern. Problematisch aber ist es, dass diese im Teich verbleiben und sich zunehmend im Sediment anreichern. Das könnte dann in vier bis zehn Jahren zum Problem werden.

Bewährt haben sich Zeolithe (Minerale und chemische Verbindungen aus der Gruppe der Silicate, erhältlich in Baumärkten), wenn man sie vorher mit EM eingeweicht hat. Dann verfügen sie neben den hilfreichen Mineralien auch schon über die erwünschten Mikroben. Nährstoffe oder Schadstoffe werden mikrobiell gebunden und so pflanzenverfügbar.

Sogenannte Algizide, also Algen tötende Chemikalien, sind selten das Mittel der Wahl. Man erreicht kurzfristig, dass die Lebewesen absterben. Die „Leichen" sinken im Wasser jedoch nach unten auf das Sediment und nehmen dabei die Gifte mit, die zu ihrem Absterben geführt haben. Auf dem Teichgrund kommt es dann zu mehreren Problemen: Die

toten Algen und die Algizide müssten gleichzeitig verstoffwechselt werden.

Algen – manche schätzen wir als Nahrungsergänzung – enthalten sehr wertvolle Eiweiße, also komplizierte Stickstoffverbindungen. Diese müssen nun wieder möglichst schnell in den Kreislauf des Lebens zurückgeführt werden oder sie bilden die Grundlage für die Vermehrung von Fäulnisbakterien.

Algizide hemmen nach unseren Erfahrungen die schnelle Umsetzung durch Mikroben, die die Eiweiße und damit den Hauptnährstoff für die Pflanzen, den Stickstoff, sonst wieder für die Wasserpflanzen verfügbar machen würden. Da Algen ja auch Wasserpflanzen sind, würden diese Stoffwechselvorgänge das Algenwachstum in einem gestörten Ökosystem zusätzlich fördern.

Man könnte die Algen auch von Fischen und Kleinstlebewesen fressen lassen und die eingetragenen Stickstoffe durch den Fang der Fische aus dem Teich holen. Wir empfehlen in solchen Situationen, die sich nicht in den Griff bekommen lassen, die Anzahl der schnell wachsenden und stark zehrenden Pflanzen im Teich zu erhöhen. Eine Auswahl davon finden Sie in Kapitel 9.

Fadenalgen sind ein Kapitel für sich. In der oben gezeigten Nahaufnahme eines Naturteichs haben sich trotz der vielen Unterwasserpflanzen Fadenalgen gebildet. Ein kurzfristig überdurchschnittliches Nährstoffangebot nach dem langen Winter 2005/2006 und der schnelle Temperaturanstieg ab Mitte Mai führten dazu, dass im Herbst und Winter eingetragene Blätter sehr schnell umgesetzt wurden.

Im Gartenteich lohnt es sich, diese abzufischen und zu kompostieren. Dadurch vermeidet man viele problematische Nährstoffe, insbesondere Phosphat. Zusätzlich sollte man bei nicht nachlassendem Algenwachstum den pH-Wert kontrollieren. Liegt er über 8, lohnt es sich, pH-Senker einzusetzen.

Die Aufgabenstellung für einen Teichbauer oder einen Teichbesitzer besteht darin, ein ausgewogenes Verhältnis zwischen Wassermenge, Nährstoffeintrag und Pflanzenanzahl für

Die Wasserfontäne in diesem Stadtpark reicht meist nicht aus, um das Wasser gesund zu halten. Der Betrieb ist teuer für die Stadt. In diesem Teich fehlen Wasserpflanzen, die die Nährstoffe binden könnten.

seinen Teich zu finden. Sollte ihm dies gelingen, benötigt er auch keine EM-Technologie. EM-Gaben in funktionierenden Teichen könnte man als preiswerte Versicherung für den Fall eines unerwartet hohen Nährstoffeintrages ansehen. Die Nährstoffe wandeln sich dann schnell in Pflanzen um, ohne zu faulen.

4.6 Springbrunnen, Wasserläufe und Filteranlagen im und am Gartenteich

Springbrunnen und Wasserläufe im und am Gartenteich sind eine wunderbare Hilfe für ein natürliches Gleichgewicht. Solche Techniken helfen, dem Wasser zusätzlichen Sauerstoff zuzuführen.

Viel Sauerstoff bedeutet immer, dass höheres (tierisches) Leben sich schneller entwickeln kann. Dieses ist immer in der Lage, komplizierte Eiweiße aufzubauen, wofür es viele unterschiedliche Nährstoffe benötigt. Somit sind Frösche, Lurche oder auch Fische willkommene Bewohner des Teiches, denn sie sorgen für klares Wasser.

Frühstückt dann noch ein Fischreiher oder ein Storch in Ihrem Teich oder angelt sich Nachbars Katze einen Fisch oder Frosch, dient das auch der Klarheit des Wassers, weil dem Teich so Nährstoffe entnommen werden.

Diese Tiere sterben dann nicht im Teich an Altersschwäche und müssen dort nicht wieder verstoffwechselt werden. Der Teichbesitzer wiederum muss die Nährstoffe nicht

als Kompost verarbeiten und spart Arbeit bei der Teichpflege.

Dem Nährstoffexport aus dem Gartenteich dienen auch die unterschiedlichsten Filteranlagen.

Es gibt eine breite Palette von Filtersystemen in den verschiedensten Preisklassen. Kunststofffilter oder Sandfilter filtern die Algen aus dem Wasser und die dort siedelnden Mikroben binden die Nährstoffe. Deswegen reinigt man solche Filter auch immer wieder durch Rückspülen oder Auswechseln des Filtermaterials.

Erfahrene Teichbesitzer kennen den unangenehmen Geruch des Filtermaterials. Hier entstehen Kosten und Arbeitszeit, von denen man sich

Ein nahezu unendliches Angebot an Wasserfilteranlagen finden Sie im Fachgeschäft und im Baumarkt. Alle diese Geräte verursachen Folgekosten. Biologische Reinigung ist ohne Folgekosten erreichbar.

befreien könnte, wenn man mehr Pflanzen in den Teich einbrächte. Ein paar trockene Blätter abzuschneiden ist nach unserem Verständnis einfacher und kostengünstiger, als technische Geräte einzubauen, zu warten und dann zu guter Letzt dennoch organisches Material zu entsorgen.

Entsprechen solche großen Pflanzflächen nicht Ihrem ästhetischen Empfinden, bieten wir weitere interessante Lösungen mit besonderen Klärteichen in den Kapiteln 5.3 Koi-Teiche und 7 Swimmingpools.

Dieser Springbrunnen in einem Baumarkt zeigt sehr deutlich, dass nur Sauerstoffeintrag allein die Wasserqualität nicht garantieren kann. Die durch die Luft eingetragenen Nährstoffe dienen den Algen an den Steinen als Nahrung. Im Sommer wird das Wasser trüb und übel riechend sein, weil keine Nährstoffe exportiert werden können.

➤ 5 Fischteiche im Garten

Fischteiche in Gärten können sehr unterschiedlich sein. Zumeist stellen wir uns dabei einen Goldfischteich vor.

Ich selbst denke dabei immer an den Gartenteich eines Studienfreundes. Er kam aus dem Siegerland und durch den Garten seines Elternhauses floss ein Bach. Den hatte er angestaut und hielt in dem Gewässer Forellen. Alle zwei Jahre lud er uns Studienkollegen ein und die großen Forellen kamen auf den Grill. Danach waren 20 Leute satt und hatten eine gute Grundlage für eine Feier bis in die späte Nacht.

Natürlich hatte die Familie in der Zwischenzeit auch immer wieder frische Forellen auf dem Tisch.

Uns sind in den Jahren der Beratung einige Teiche von Hobby-Fischzüchtern begegnet. Fischteich ist also nicht gleich Fischteich und es gibt die unterschiedlichsten Möglichkeiten, ein Gewässer im Garten zu nutzen.

5.1 Ein paar grundsätzliche Gedanken zu Fischen und Wasser

Anzahl und Größe der Fische in einem natürlichen Gewässer richten sich immer nach der verfügbaren Futtermenge. Eine Kiesgrube, die frisch ausgebaggert ist, hat kaum Nährstoffe. Somit gibt es darin

In einem nährstoffreichen Teich können viele Fische leben. Hier tummelt sich die Nachzucht von Rotfedern und Zandern im Schlossteich von Schloss Augustusburg in Brühl. Pflanzen, Phytoplankton und Zooplankton bieten eine breite Palette gesunder Fischnahrung.

wenig pflanzliches und tierisches Leben. Zuerst müssen dem stehenden Grundwasser Nährstoffe zugeführt werden, damit sich Algen und Pflanzen entwickeln. Dann haben die Fische etwas zu fressen, können wachsen und sich vermehren. Hungern die Fische, bleiben sie klein und pflanzen sich auch nur sehr spärlich fort, weil sie die eigene Brut zum Erhalt ihres Lebens nutzen.

Gehen wir an einen Weiher im Stadtpark, können wir im Regelfall unsere Kinder Karpfen füttern lassen. Weiher sind nicht tief, erwärmen sich schnell und das Licht der Sonne lässt darin viele Pflanzen wachsen, wenn genug Nährstoffe vorhanden sind.

Karpfen leben in sehr nährstoffreichen Teichen. Sie fressen alles, was ihnen so vors Maul kommt. Angler haben schon Karpfen gefangen, die schwerer als zwanzig Kilo waren. (Solche ausgewachsenen Karpfen haben völlig andere Dimensionen als der traditionelle Silvester- oder Weihnachtskarpfen, der ein Lebendgewicht von 1,5 kg bis 3 kg hat).

Karpfen lieben pflanzliche Kost und tragen somit zur Gewässerreinheit bei. In professionellen Karpfenteichen düngen die Fischwirte sogar mit gutem Mist, damit sich in den Teichen oder Weihern auf natürlichem Weg viel Pflanzenmasse und Algen bilden. So sparen sie Futter ein.

Wenn die Teiche abgefischt werden, gibt es sehr hochwertige Eiweißkost für die Menschen. Man entzieht dem Teich dabei auch jede Menge Stickstoff. In früheren Jahrhunderten wurden die Abfälle (Toiletten) der Schlösser und Burgen direkt über den mit Wasser gefüllten Burggräben angeordnet. Auch die Hausabfälle wurden in den Graben entsorgt. Diese Nährstoffzufuhr machte die Schlossgräben sehr ertragreich für die Schlossküche.

*EM findet inzwischen in einigen Fischzucht-
betrieben Anwendung. Nach Beratung durch
Familie Hader (Multikraft) konnte dieser Betrieb seinen Ertrag wesentlich steigern. Weniger Ausfälle und größerer Aufzuchterfolg zeigen, dass es den Tieren nun richtig gut geht.*

*Das Wasser ist sauerstoffreicher und der
Schlamm am Boden der Zuchtbecken ist verschwunden. Der Kot der Tiere verwandelt sich
im Wasser schnell zu Plankton und dient den
Fischen wieder als Nahrung.*

5.1.1 Moderne Fischzuchten – ein Exkurs

Dass die Wassermenge kaum für die Menge der Fische entscheidend ist, erleben wir heute in den großen Fischzuchtbetrieben, zum Beispiel auch bei der Lachsproduktion. Lachs kann nur so billig sein, weil er in großen Netzen im Meer, die Fische dicht an dicht, gehalten wird. Allein die Menge Futter, die man den Fischen gibt, entscheidet über deren Entwicklung.

Im Hinblick auf Umweltschutz und Wasserqualität sind solche Fischzuchten problematisch, weil der Kot der Fische als Folge der intensiven Fütterung das aus den Netzen entweichende Wasser in eine gülleartige Brühe verwandelt. Auf dem Meeresboden sammeln sich große Mengen organischer Substanzen, der Mist der Lachse, die häufig von den Biotopen nicht mehr verwertet werden können und daher faulen.

Forellen kann man nur in sehr gutem Wasser halten. Deswegen gelten solche Fische auch als Edelfische. Am besten ist es, wenn ein Forellenwirt ein schnell fließendes Gewässer durch seine Teiche leiten kann. Dieses erfüllt dann zwei Funktionen. Zum einen bringt es den Fischen viel frischen Sauerstoff und natürliches Plankton, was sie beides brauchen, um möglichst schnell viel Körpergewicht anzusetzen. Zum anderen transportiert das schnell fließende Gewässer auch den Kot der Tiere ab. Deshalb protestieren hin und wieder

Umweltschützer gegen solche Fischzuchten, denn die Nährstoffe des Fischkotes beeinflussen natürlich die Flora und Fauna im Bachlauf hinter den Fischzuchtbetrieben.

Es ist heute schon üblich, dass Fischzuchtbetriebe Kläranlagen bauen, um nur geklärtes Wasser wieder in den Bach zu führen.

Ein Problem für viele Fischzüchter ist der Fischkot, der sich im Teich absetzt oder technisch aufwendig aus den Erzeugungsteichen entfernt werden muss. Das verursacht Kosten, bindet Kapital und zusätzlich besteht immer die Gefahr, dass die Fische krank werden. Spezialisierte Tierärzte finden dort ein breites Betätigungsfeld.

Gerade auch in solchen intensiven Fischzuchten hat EM schon seit Jahren bewiesen, dass man mit guten Mikroben die Wasserqualität gezielt und effektiv beeinflussen kann. Die EM-Beraterin Somlak Pongdit aus Bangkok hat zusammen mit Fischwirten in ihrer Heimat Methoden entwickelt, mit denen man auf umweltfreundliche Weise Fisch, Garnelen oder Shrimps aufziehen kann.

Normalerweise gelten solche Produktionsstätten von Shrimps als umweltzerstörend, weil sie nur einige wenige Male genutzt werden können. Die Teiche werden aufgegeben, weil sich der Boden wegen des Kots und der Medikamente nicht mehr regenerieren kann. Es werden neue Teiche angelegt, meist in ökologisch sensiblen Feuchtgebieten.

Nun hat Somlak Pongdit folgende Strategie entwickelt: Vor dem Befüllen mit Wasser wird der Boden des Teiches mit EM-Technologie vorbereitet. Während der Befüllung wird dem Wasser etwas EMa zugegeben. Dann wird die Brut eingesetzt.

Je größer die Tiere werden, desto mehr EM wird dem Wasser zugesetzt. Gleichzeitig wird das Futter für die Tiere mit EM und mit fermentierten Pflanzen vermischt.

Das scheint besonders wichtig zu sein, weil die Tiere in der freien Natur ja fast nur lebendiges Futter fressen. Fertigfutter ist im Regelfall nicht mehr sehr lebendig, es ist ein industriell bearbeitetes Fertigprodukt.

Durch die Zugabe von EM kommen mit dem Futter wieder lebendige Mikroben in das Verdauungssystem der Tiere, das dadurch geregelt wird.

Der ausgeschiedene Kot verwandelt sich sehr schnell wieder in lebendige Wasserpflanzen (Algen) und

Waller „Josef" war der Vater vieler kleiner Fische bei der Ahrenhorster Edelfisch GmbH. Er war dank guter Pflege und EM-Technologie über 10 Jahre voll im Zuchteinsatz.

Wassertierchen (Zooplankton) und dient den Shrimps oder Fischen als Nahrung.

In einem Praxisbetrieb in Brandenburg, der Karpfen züchtet, konnte durch den Einsatz von EM die Futtermenge auf zwei Drittel reduziert werden. Während der Aufzuchtzeit starben so gut wie keine Fische.

Ähnliche Erfahrungen macht die Ahrenhorster Edelfisch GmbH, die Welse als Speisefische züchtet. Dort schlüpften aus fast 90 % der Eier Jungfische.

Der Fisch- und Krebszüchter Jeske aus der Nähe von Flensburg ist seit Anfang des neuen Jahrtausends EM-Nutzer. Er hat die Zugabe von EM in seinen normalen Betriebsablauf integriert. Es fällt ihm schwer, wissenschaftliche Beweise für den Nutzen zu beschreiben. Um den wissenschaftlichen Nachweis des Nutzens von EM zu führen, müsse man identische Betriebseinheiten nebeneinander mit und ohne EM führen. Das wären sehr teure Versuche. Für ihn persönlich reicht es, dass er kaum Krankheiten im Betrieb hat, die Tiere zügig wachsen und das wenige mineralische Sediment nach Ablassen der Teiche gut nach frischem Wasser riecht. Übel riechenden Schlamm kennt er nun schon mehr als 15 Jahre nicht mehr. Er macht sein EMa selbst. Seit er „Bio Teichpflege Plus" nach seinen eigenen Rezepturen zusetzt, hat sich der Nutzen von EM noch einmal wesentlich verbessert.

5.2 Goldfische und andere Fische im Gartenteich als Spielgefährten mit EM-Technologie

Die Pflege des einfachen Goldfischteiches haben wir im vorherigen Kapitel dargestellt. Es gibt viele unterschiedliche Gründe, einen solchen Teich im Garten anzulegen. Insbesondere, wenn die Fische im Teich zu „Spielkameraden" der Kinder oder auch der Erwachsenen werden, muss

man auf einige Besonderheiten achten. Dann hat man immer das Problem, dass zu viel gefüttert wird. Sie erinnern sich: Fische füttern bedeutet, dass man den Teich düngt und damit viele Algen zu erwarten sind.

Unseres Erachtens ist es wichtig, dass Kinder sich mit der Natur beschäftigen. Es macht ihnen Freude, wenn sie Futter in den Teich werfen und die Fische sich regelrecht auf das Futter stürzen. Die meisten Menschen interpretieren das Gewusel der Fische als ganz enormen Hunger. Aus Mitgefühl werfen sie immer mehr Futter hinterher, um den „armen Tieren" etwas Gutes zu tun.

Doch Fische sind nicht hungrig, sondern neugierig. Sie reagieren auf optische Reize, stürzen sich zum Beispiel auf eine Fliege, die ins Gewässer fällt. Würde die Fliege nicht gefressen, wäre sie nur Dünger für den Teich, weil sie dann im Sediment in Pflanzennahrung umgewandelt würde. Nun dient sie aber noch zuerst dem über der Pflanze stehenden Lebewesen, dem Fisch. Der nimmt sich von der Fliege die fertigen Eiweiße und kann so schneller wachsen. Was er dann nicht zum Aufbau und Erhalt seines Lebens nötig hat, scheidet er als Kot aus – Dünger für die Pflanzen

Das Füttern von Tieren ist eine wichtige Kontaktmöglichkeit der Stadtmenschen mit der Natur. Es wäre schade, wenn das Füttern verboten werden müsste. Mit Hilfe einer angepassten Teichplanung und der EM-Technologie lässt sich auch in öffentlichen Teichen eine gute Wasserqualität erzielen.

im Gewässer. Die Natur will keine bereits hergestellten guten Eiweiße verschwenden. Ob es nun eine Fliege, ein Stück Brot oder etwas Fertigfutter aus dem Tierfachhandel ist, kann der Fisch zuerst einmal nicht unterscheiden. Sein Lebensmotto: Alles, was ungewöhnlich im Gewässer und fester als Wasser ist, wird gefressen.

Genau diesen Mechanismus hat die Futtermittelindustrie erkannt und nutzt diesen Trieb der Fische, um mehr Futter als nötig zu verkaufen. Zusätzlich werden diese Futter auch noch aromatisiert, weil ein außergewöhnlicher Geruch das gleiche Signal „es sollte besser gefressen werden", an den Fisch sendet. Das machen sich auch die Angler zunutze und stellen sich aromatisierte Köder her oder kaufen solche. Dann beißen die Fische besser und man kann mit viel Aroma die Fische auch von weiter her herbeilocken.

Dieses System der Fisch-Natur dient der Hygiene im Gewässer. Eigentlich sind alle Fische von der Natur so angelegt, dass sie mit dem Angebot an Plankton (Algen und kleine Krebse) in ihrem Gewässer zufrieden sein könnten. Biologen sagen, dass das Angebot an Futter im Gewässer die Größe und die Menge der Fische bestimmt, nicht der Hunger der Fische.

Dass mit jeder Fütterung das natürliche Gleichgewicht im Teich gestört wird, können Kinder nur sehr schwer erkennen. Nach unserer Meinung wäre es in unserer Zeit falsch, das Füttern zu verbieten, weil Kindern sonst kaum Zugang zur Natur möglich ist. Da wir mit dem richtigen Teichmanagement den Kindern Freude bereiten können, hier nun ein paar Ratschläge.

Zuerst ist es wichtig, dass die Fische ein gesundes Futter bekommen. Die Fertigfutter aus der Zoohandlung sind eigentlich nicht fischgerecht, weil das Futter industriell bearbeitet ist. In der Natur fressen Fische kein konserviertes Futter, sondern nur lebendes. Also sollte man das Futter mit etwas EM besprühen und damit für die Fische bekömmlicher machen.

Der größte Unterschied zwischen Industriefutter und lebendigem Futter besteht darin, dass in kleinen Wassertierchen ganz viele Mikroben leben. Deren Verdauungssystem funktioniert genauso wie bei Fischen und anderen Tieren, weil im Magen-Darm-Trakt Mikroben das Futter so verändern, dass es vom Körper aufgenommen werden kann.

Wenn wir Raubtiere beobachten, können wir häufig sehen, dass zum Beispiel Löwen bei einem frisch gerissenen Tier mitunter zuerst Magen und Darm fressen. Die Beutetiere sind meist Vegetarier und haben deshalb besonders viele Mikroben im Verdauungstrakt, die die gefressenen Pflanzen zuerst in Mikrobenmasse verwandeln, bevor sie für das Tier verfügbar werden. Sie bilden unendlich viele Vitamine und sogenannte bioaktive Substanzen. Genau die fehlen einem Fleischfresser, wie einem Raubtier. Damit es solche hilfreichen Stoffe aufnimmt, frisst es zuerst den Inhalt des Verdauungstraktes, dann erst das Fleisch.

Rezeptur EM1-Technologie für Fischteiche

- Alle Fischteiche sollten mit 20 bis 50 g EM-X-Keramikpulver je Quadratmeter Teichfläche ausgestattet sein und mindestens ein Drittel der Teichfläche muss mit Pflanzen bestückt sein.

Mäßige Futtergaben:
- Fischfutter immer mit EM besprühen
- Wasserpflege bei Wassertemperatur unter 18 °C: alle vier bis sechs Wochen 0,1 bis 1 l EM je Kubikmeter Teichwasser
- Wasserpflege bei Wassertemperatur über 18 °C: alle zwei bis vier Wochen 0,1 bis 1 l EM je Kubikmeter Teichwasser

Häufige Futtergaben:
- Fischfutter immer mit EM besprühen
- Wasserpflege bei Wassertemperatur unter 18 °C: alle zwei bis vier Wochen 0,1 bis 1 l EM je Kubikmeter Teichwasser
- Wasserpflege bei Wassertemperatur über 18 °C: einmal pro Woche 0,1 bis 1 l EM je Kubikmeter Teichwasser

Ähnlich ist es bei den Fischen, die durch die Aufnahme von Wassertierchen mit „Fleisch" und Mikroben aus ihrem Verdauungstrakt versorgt werden.

Genauso verhält es sich bei den Pflanzen. Vor über 15 Jahren wiesen Forscher nach, dass lebende Pflanzen, auch Algen, in ihrem Pflanzensaft und in den einzelnen Zellen viele lebende Mikroben beherbergen.

Diese Mikroben helfen den Fischen, die aufgenommene Nahrung zu verdauen. Im Trockenfutter sind solche lebenden Mikroben nur noch in geringer Zahl vorhanden. Sie werden beim Trocknungsvorgang reduziert, weil das Futter sonst nicht haltbar wäre.

Deswegen empfehlen wir, das Fischfutter, bevor es in den Teich gestreut wird, mit guten lebenden Mikroben zu besiedeln. Das ist sehr einfach zu bewerkstelligen, indem man das Futter kurz vor der Fütterung mit EM besprüht. Dazu füllt man EM1

*Teichfilter gibt es in verschiedenen techni-
schen Ausführungen. Hier erkennt man das
sehr einfache Grundprinzip: In das Filtergefäß
sind Kunststoffkörper eingebaut, die eine große Oberfläche und eine kleine Porung haben.
Grobe Teile bleiben in den Poren hängen. Auf
den großen Oberflächen siedeln Mikroben,
die auch zur Wasserklärung beitragen.*

oder EMa, je nachdem was man zur
Hand hat, in eine kleine Sprühflasche
und gibt ein bis zwei Sprühstöße auf
eine Handvoll Fischfutter.

Sie werden sehr schnell erleben,
dass dieses „lebendige" Futter den
Fischen gut tut. Fische, die sich wohl
fühlen, färben intensiver ein und sind
weniger anfällig für Fischkrankheiten.

Sie scheiden Kot aus, der vom
pflanzlichen Leben im Teich auch
einfach in neue Pflanzenmasse umgewandelt werden kann, die den Fischen wiederum als Nahrung dient.

Haben Sie nun das Ziel, die Tiere oft zu füttern, ohne dass sich zu
viele Algen bilden, müssen Sie dafür
sorgen, dass dieses Futter, welches

als Kot oder Futterrest ins Wasser
kommt, von höheren Pflanzen aufgenommen werden kann. Diese ernten
Sie dann ab und bringen sie auf den
Kompost.

Ein Teich, in dem die Fische öfter gefüttert werden, sollte einma-
lig mindestens 20 bis 50 g EM-X-Keramikpulver bekommen, wie wir es
weiter oben beschrieben haben.
Zusätzlich fördert es das Pflanzenwachstum, wenn man dem Teich in
der warmen Jahreszeit alle zwei Wochen einen Liter EMa je Kubikmeter
Wasser zugibt. Liegt die Wassertemperatur unter 18 °C, reicht es auch,
alle vier bis sechs Wochen EMa zu geben. Sie werden es gut erkennen,
wann der Teich Hilfe braucht.

Sollte sich unter der Behandlung
kein vorwiegend klares Wasser einstellen, gibt es zwei Wege, dieses Ziel
weiterzuverfolgen. Der Erste ist, die
Fütterung zu reduzieren.

Meist haben sich die Fische aber
an das häufige Füttern gewöhnt. Die
meisten Fischfutter sind aromatisiert. Damit erreichen die Herstel-
ler, dass die Tiere ein Futter bevorzugen und andere Futter schein-
bar nicht mögen. Das aromatisierte Futter hat einen höheren Reiz für
die Fische. Gerade bei Kindern im

Haushalt ist es praktisch nicht zu vermeiden, dass sie dann Futter geben.

Lassen Sie den Kindern die Freude und wählen Sie den zweiten Weg. Man installiert eine Pumpe und leitet das abgepumpte Wasser durch einen zweiten Teich, den Sie als Klärteich anlegen. Wie ein solcher Klärteich eingerichtet wird, erfahren Sie im nächsten Abschnitt 5.3 Koi-Teiche.

Klärteiche sind praktisch Kiesbetten; eine Wasseroberfläche ist nicht sichtbar. Dort werden sich keine Fische ansiedeln und die Kinder haben kein Interesse, dort zu füttern. In den Klärteichen tummeln sich jedoch Amphibien und natürlich die Gartenvögel.

Klärteiche dienen der Zucht von Wasserpflanzen, die die überflüssigen Nährstoffe des Wassers in wunderschönen Bewuchs verwandeln.

Sollten Sie keinen Platz für einen solchen Klärteich haben, bleibt nichts anderes übrig, als in Technik zu investieren. Wasserfilterblöcke gibt es in den verschiedensten Varianten zu kaufen. Damit werden Algen aus dem abgepumpten Wasser herausgefiltert. Stellen Sie sich aber darauf ein, dass Sie diese Filter

EM-Keramikpipes in Grau, erhältlich im Fachhandel und im Internet

regelmäßig reinigen müssen. Die herausgefilterten Algen können gerade in der heißen Jahreszeit geruchsbelästigend sein. Dieses Risiko können Sie durch Zugabe von grauen EM-X-Keramik-Pipes mindern.

Pro Quadratmeter Filterfläche sollten 100 bis 150 Pipes eingebracht werden. Dort sollte man auch direkt EM für den Fischteich beigeben, weil sich die Effektiven Mikroorganismen auch auf den Filteroberflächen ansiedeln und von dort in den eigentlichen Fischteich gespült werden.

5.3 Koi-Teiche

Wir sind keine Koi-Spezialisten. Dennoch haben wir schon einige komplizierte Koi-Teiche wieder in Ordnung gebracht. Es ist schade, wenn man wegen trüben Wassers diese

Die Kois sind neugierig und erfreuen sich an jeder Ablenkung. Deswegen kommen sie auch gerne angeschwommen, wenn ein Mensch an den Teich herantritt. Daraus sollte man nicht schließen, dass sie hungrig sind.

wunderschönen bunten Fische nicht sehen kann. Außerdem gewöhnen sich diese Tiere an Menschen, dass es eine Freude ist, mit ihnen zu spielen. Kois gründeln viel und wirbeln dabei Sediment auf. Außerdem fressen sie gerne an Pflanzen. Viele Teichbesitzer sind der Ansicht, dass man in Koi-Teichen keine Pflanzen wachsen lassen kann, weil die Fische alles abfressen.

Kois stammen von den Karpfen ab und haben ein ähnliches Verhalten. Dann sieht der Teich oft unsauber aus. Deswegen gibt es viele Koi-Teiche ohne Sediment und ohne Pflanzenbewuchs. Für die Fische ist das wahrscheinlich sehr langweilig. Außerdem haben sie keinen Rückzugsraum zwischen Pflanzen, in den sie sich bei

Gefahr oder vermeintlicher Gefahr flüchten können. Die Fische haben so unnötigen Stress.

Insbesondere sollte man bei Kois beachten, dass sie durch die intensive Züchtungsarbeit keine gute gesundheitliche Grundkonstitution haben und somit besonderer Bedingungen bedürfen. In der Beratung der Nutztierhaltung sprechen die Fachkollegen häufig von „Tierkomfort". Es ist für Tiere komfortabel, wenn sie sich in ihrem Stall, Gehege oder Becken artgerecht bewegen können und so weit wie möglich artgerechter Tätigkeit nachgehen können.

Dieser „Komfort" führt dazu, dass die Tiere gesünder bleiben und bessere Leistungen bringen. Alle Tiere haben einen Anspruch auf ein stressfreies Umfeld. Man kann immer ein Gleichgewicht zwischen Pflanze, Wasser und Tier herstellen. Das bedarf jedoch der Geduld und des Verständnisses von Wasser als Verdauungssystem.

Dieser Koiteich ist sehr dicht besiedelt. Das Wasser ist trotzdem klar. Über eine flache Pflanzzone im Hintergrund wird das Wasser abgepumpt und durchläuft zwangsweise die Wurzelzone der Pflanzen. Zwischen den harten Pflanzen siedeln weiche. Sie dienen den Fischen auch als Nahrung. Außerdem laichen die Fische dort im Sommer ab und der Nachwuchs hat sehr gute Lebensbedingungen.

Eine erste Erfahrung mit EM1-Technologie bei Kois war, dass ein Koi-Freund 10 kg EM-X-Keramikpulver in einen pflanzenfreien Teich mit 55 Kubikmeter Wasserinhalt und 15 wertvollen Kois gab. In seine Filteranlagen baute er zusätzlich 5 kg graue Pipes ein. Auf unsere Empfehlung hin gab er im Sommer wöchentlich zehn Liter EMa und im Winter alle vier Wochen die gleiche Menge über seinen 30 m³ großen Klärteich.

Vorher hatte er das Problem, dass das Wasser nicht unter einen pH-Wert von 8 zu bringen war. Er hatte alle im Fachhandel angebotenen pH-Wert-Senker ausprobiert, damit jedoch immer nur über ein bis zwei Tage das erwünschte Ergebnis erzielt. Erst nachdem er die Keramik ins Teichwasser gegeben hatte, konnte er mit den pH-Wert-Senkern dauerhaft ein gutes Ergebnis erzielen.

EM-Technologie schließt nie andere Hilfen aus. Technik und moderner Erfindergeist können aber effektiver wirken, wenn die natürlichen Systeme nicht zu sehr gestört sind.

Besonders erfreulich in diesem Fall ist, dass im folgenden Jahr keine Fischverluste eintraten. Im dritten Jahr starb ein Tier, das aber schon vier Jahre in seinem Teich geschwommen war. Im vierten Jahr waren keine Verluste mehr zu verzeichnen.

Aus unserer Erfahrung heraus empfehlen wir, zwei Teiche anzulegen: den Fischteich und einen Klärteich. Der eine Teich dient den Kois als Lebensraum. Will man den Fischen Gutes tun, legt man den Teich so an, dass er mindestens eine Ecke mit Pflanzen hat. Diese kann man in sehr engmaschige Kunststoffkörbe pflanzen, die mit EM getränkten Lava-Splitt enthalten. Dann hat man einen Sauerstoffproduzenten und einen Verbraucher für die im Wasser aufgelösten Fäkalien. Die Wurzeln der

Soll ein Klärteich seine Funktion erfüllen, muss das Wasser die Wurzelzone durchlaufen. In diesem Beispiel fließt das Wasser oberflächlich ab und nimmt noch viele Nährstoffe in den eigentlichen Teich mit.

Wasserpflanzen wachsen frei in den Wasserraum hinein und nehmen die im Wasser gelösten Nährstoffe auf. Solche natürlichen Filteranlagen sind sehr effektiv.

Den Boden würden wir mit einer wenige Zentimeter dicken Schicht aus gewaschenem Sand oder Lava-Splitt und etwas EM-Keramik-Pulver bedecken, damit die Fische etwas zum Spielen haben. Außerdem

siedeln dort Unterwasserpflanzen. Sie reinigen das Wasser und sind natürliches Futter für die Fische.

Falls die Unterwasserpflanzen überhandnehmen, kann man sie wesentlich einfacher abernten als Algen herausfiltern. Kauft man sich Unterwasserpflanzen, sollte man sie nicht mit der haftenden Erde einpflanzen, sondern vorher die Erde in einem Wassereimer aus dem Wurzelballen herauswaschen. Das Fäulnispotenzial der Teicherden ist enorm.

Der Wasserablauf braucht dann auch nicht an der tiefsten Stelle des Beckens zu sein. Diese Position wird meist deswegen gewählt, weil man Kotkrümel aus dem Becken in den Filter ziehen will. Hat man im Becken lebende Pflanzen, übernehmen diese die Arbeit, den Kot der Fische zu sammeln. Gleichzeitig produzieren sie Sauerstoff, was die Wasserqualität enorm erhöht. Somit wird das Leben für die Tiere ohne zusätzliche Kosten und Arbeit angenehmer.

Wenn man den Kois noch mehr Lebensfreude bieten will, baut man eine Flachwasserzone mit sehr harten Pflanzen, wie Seggen, Binsen oder Schilf. Dazwischen siedeln sich natürlicherweise noch weichere Pflanzen an. Solche Stellen mögen die Fische zum Ablaichen. Dadurch wächst die Chance auf eigenen Zuchterfolg. Gleichzeitig dienen die Pflanzen auch als Fischnahrung.

Die Pflanzen leisten außerdem einen großen Beitrag zur Wasserklärung und bieten den Fischen zusätzliche Spielmöglichkeiten.

Die weitere Wasserbehandlung hängt von der Intensität der Fütterung ab. Wer intensiv füttern will, sollte eine Filteranlage zwischen Fischteich und Klärteich einbauen. Die Effizienz der Filtermatten wird durch UV-Lampen erhöht. UV-Lampen lassen die Algen absterben. Nur ein Teil der abgestorbenen Algen bleibt in den feinen Filtermatten

hängen. Somit wandern abgestorbene Algenreste auch wieder mit dem Wasserstrom zurück in den Teich und sind dann unerwünschte Nährstoffe. Diese sinken ab ins Sediment und können dort Fäulnis hervorrufen. Man sollte deshalb ausprobieren, ob man mit oder ohne UV-Lampe klareres Wasser erhält.

Allerdings darf die Leistungsfähigkeit solcher UV-Lampen nicht überschätzt werden. Gerade bei intensivem Algenwuchs dringt die Strahlung nicht sehr tief ins Wasser ein, sodass sich ihr Klärbeitrag in Grenzen hält. Nachteilig ist ebenfalls, dass sie die Wasserqualität negativ beeinflussen und von daher die Selbstreinigungskraft des Wassers vermindern.

Gerade bei technischen Lösungen für biologische Fragestellungen stehen Vor- und Nachteil oft eng miteinander in Verbindung. Nach unserer Erfahrung überwiegen bei UV-Lampen die Nachteile, weil sie wegen ihrer geringen Lebensdauer hohe Kosten verursachen.

5.3.1 Aufbau eines Klärteiches

Wer nicht so intensiv füttert, kommt mit einem zweiten Teich, einem Klärteich, aus. Dabei sollte der Klärteich von der Größe und dem verfügbaren Klärraum her etwa der Hälfte bis drei Viertel des Hauptteichrauminhaltes entsprechen, ungeachtet des Bewuchses. Der Klärraum wird so aufgebaut, dass er praktisch eine Mehrkammer-Pflanzenkläranlage bildet.

Man unterteilt den Teich in drei bis zehn einzelne Kammern. Auf die Bodenplane wird eine Schicht von 50 cm aus Lava- oder Zeolith-Splitt gegeben. Darin werden je Quadratmeter Grundfläche etwa 20 bis 50 g der groben Keramik (EM-X-Keramikpulver Terra C) eingestreut.

Darüber wird eine Kiesabdeckung von 50 bis 90 cm geschüttet. In diesen Aufbau werden so viele Wasserpflanzen wie nötig, möglichst Schilfarten, gepflanzt. Wir rechnen mit fünf Pflanzen pro Quadratmeter.

Das aus dem Fischteich abgepumpte Wasser wird von oben in die erste Kammer geleitet. Nun sickert es durch die Räume, die intensiv mit Pflanzenwurzeln durchwachsen sind. Die Abtrennung zwischen den Kammern muss so aufgebaut werden, dass oberflächlich normalerweise kein Wasser in die nächste Kammer fließen kann. Es wird von unten

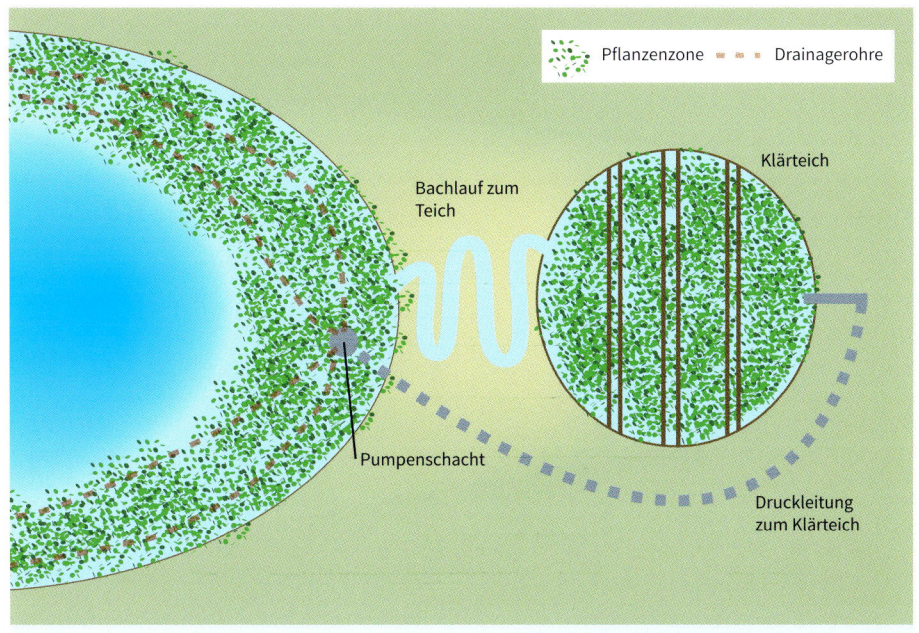

Pflanzenzone — — — Drainagerohre

Klärteich

Bachlauf zum
Teich

Pumpenschacht

Druckleitung
zum Klärteich

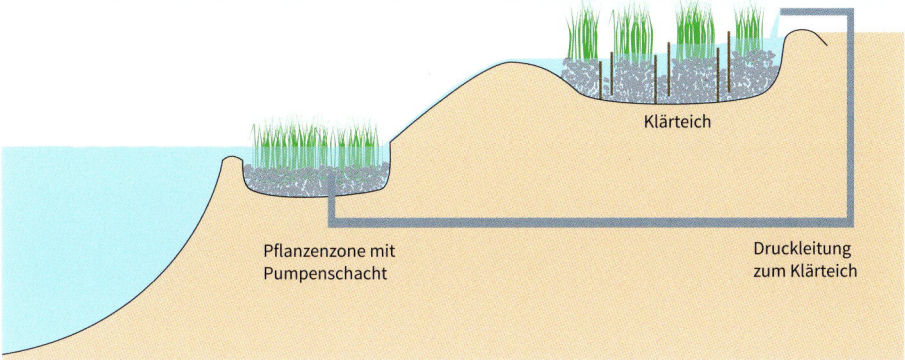

Klärteich

Pflanzenzone mit
Pumpenschacht

Druckleitung
zum Klärteich

in der ersten Kammer so abgenommen, dass es von oben in die nächste Kammer fließt.

Hier kommt dann die nächste Klärstufe ins Spiel. So leitet man das Wasser durch alle Klärstufen und

Aufgrund des Einbaus von Querriegeln muss das Wasser den Wurzelraum passieren. Wenn man es einfacher, damit auch risikoreicher machen will, kann auch ein einfacher Aufbau helfen. Hierbei müssen die den Wasserspiegel überragenden Kiesköpfe mit stark zehrenden Pflanzen, möglichst Schilf, bepflanzt werden.

erzeugt unter Garantie ein wunderbar weiches und belebtes Wasser.

Über diese Kläranlage gibt man ab und zu 0,01 bis 1 l EM1 oder EMa je Kubikmeter Wasserinhalt der gesamten Anlage. Die EM-Gabe verhindert, dass sich faulende organische Substanzen ablagern und die Klarheit des Wassers schädigen.

Das Klärbecken sollte man natürlich im Winter abernten, um so die organische Substanz aus dem Wassersystem zu entfernen. Nach einem Sturm oder heftigen Gewitterregen sollte man abgerissene Pflanzenteile absammeln.

Besonders wichtig ist, dass kein Wasser über den Kies in die nächste Klärstufe abfließen kann. Wenn das bei einem Gewitterguss dennoch geschieht, ist es aber nicht schlimm.

Das Futter der Tiere sollte man entweder vor dem Füttern mit EM besprühen (pro 1 kg etwa 0,03 l EMa, was einer Kurzzeitsilierung entspricht) oder aber 2 bis 10 % der Futtermenge durch ein gutes Bokashi (Rezepte finden Sie in Kapitel 11.4) aus Getreide ersetzen. So bekommen die Fische wieder Futter mit lebenden Mikroben, die die Verdauung positiv beeinflussen.

Erinnern Sie sich an die alte Volksweisheit: „Der Tod liegt im Darm"? Dann wird Ihnen deutlich, warum eine gute Verdauung wichtig ist. Die meisten Menschen haben vergessen, dass Bakterien, Hefen und Pilze die Verdauung bei Mensch und Tier bewerkstelligen. Ebenso sind die Verdauungsmikroben auch für das Immunsystem sehr wichtig. Hat der Fisch eine gute Verdauung, ist sein Kot für die Pflanzen im Wasser ein guter Dünger und schädigt sie nicht. Haben die Fische aber Verdauungsprobleme und deshalb ein schwaches Immunsystem, können die Pflanzen den Kot nicht so einfach verarbeiten.

So steht die Gesundheit der Fische mit der Klarheit des Wassers in der Verbindung. Gutes Wasser und eine gute Verdauung schützen den Fisch vor Parasiten und Ihren Geldbeutel vor dem Einkauf von Medikamenten zur Behandlung der Tiere.

Sie gewinnen Zeit, den Teich mit den herrlichen Tieren zu genießen und haben viel weniger Arbeit. Mit der Familie oder mit Freunden am Teich zu sitzen erscheint uns angenehmer, als faulende organische Masse aus Filteranlagen zu entfernen oder die Fische mit Medikamenten zu versorgen.

➤ 6 Schwimmteiche

Schwimmteiche erfüllen Träume, im Frühling, im Sommer, im Herbst und im Winter. Die Jahreszeiten werden intensiv erlebt. Im heißen Sommer wird der Teich zum Erholungsort für die Familie. Kommt dann der Herbst, beobachten Sie den Rückzug der Natur in den Winterschlaf. Ist der Winter richtig kalt, können die Kinder im Garten sogar Schlittschuh laufen.

Passen Sie aber auf, dass vermeintliche „Freunde" nicht lästig werden! Natürlich werden Frösche und Kröten auch ihren Laich ablegen und Sie werden die Entwicklung der Kaulquappen beobachten. Wasserläufer werden die Oberflächenspannung des Wassers nutzen und auf dem Teich spazieren. Gelbrandkäfer, Algen und viele Einzeller werden dafür sorgen, dass das Wasser lebendig bleibt. Wassergeflügel wird Sie besuchen und die Gartenvögel werden das Bad genießen.

Lebendigkeit ist Trumpf. Und spätestens, wenn ein Swimmingpool restauriert werden muss, stellt sich die Frage nach einem Schwimmteich. Dem komplizierten technischen Wunderwerk Swimmingpool widmen wir dann das nächste Kapitel.

Jetzt geht es zunächst wieder einmal um das Gleichgewicht zwischen Nährstoffeintrag und Nährstoffaustrag in einem stehenden Gewässer.

Die Beleuchtung eines Schwimmteichs bei Nacht zeigt sehr deutlich: Im Wasser ist viel Leben. Das zeichnet gesundes Wasser aus. Hier fühlen sich auch Fische, die besten Bioindikatoren für gutes Wasser, sehr wohl.

Am Schwimmteich wird es nie langweilig. Sie haben dort immer jede Menge Mitnutzer. Es wird sich nie ganz vermeiden lassen, dass das Wasser von Zeit zu Zeit etwas grünlich wird. Denken Sie immer daran, dass eine Menge Menschen viel Geld ausgeben, um die ursprüngliche Kraft der Algen als industriell bearbeitetes Nahrungsergänzungsmittel zu nutzen.

Außerdem wird es immer schwieriger die Algenbelastung bei Wassertemperaturen über 25 °C in den Griff zu bekommen. Wasser unkontrolliert über eine Solaranlage zu erwärmen birgt ein optisches Risiko. Deswegen geben wir ein paar wesentliche technische und planerische Aspekte zu bedenken:

- Die Hälfte bis zwei Drittel der Grundfläche sollte Pflanzfläche sein. Bei einem Teich von 200 m² sind nur 60 bis maximal 100 m² zum Schwimmen zu nutzen.
- Man kann die Pflanzfläche in einen gut funktionierenden Klärteich verlagern. Wird dieser aufgebaut wie im Abschnitt 5.3 Koi-Teiche beschrieben, kann ein solcher Klärteich viele Nährstoffe binden.
- Je tiefer ein Schwimmteich ist, desto besser, weil die tiefen Wasserzonen den Kälte liebenden Lebewesen im Sommer bei Erwärmung des Wassers einen Rückzugsraum bieten. Ihr Beitrag zur Wasserklärung bleibt auf diese Weise erhalten.

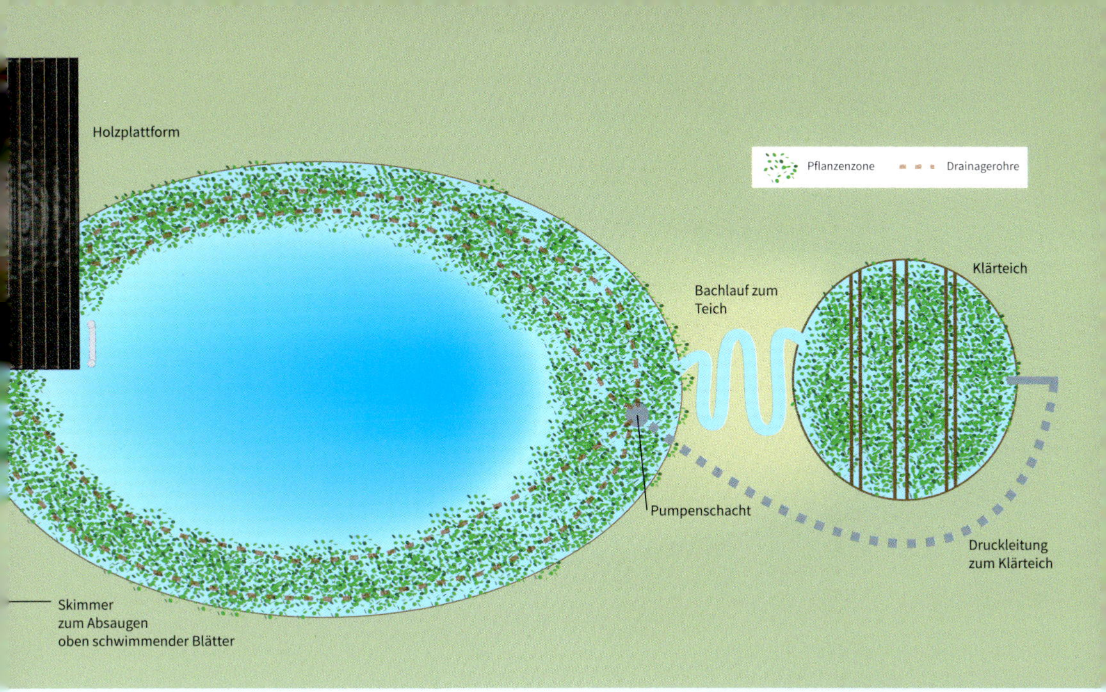

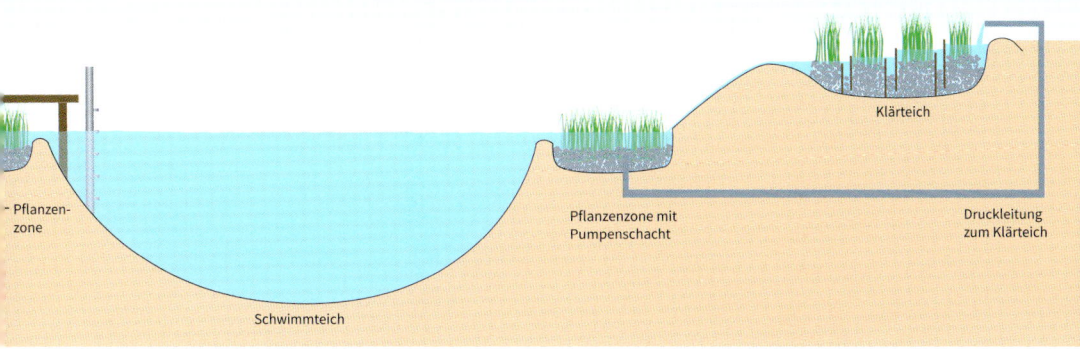

Obere Abbildung:

Holzplattform

Pflanzenzone — Drainagerohre

Klärteich

Bachlauf zum Teich

Pumpenschacht

Druckleitung zum Klärteich

Skimmer zum Absaugen oben schwimmender Blätter

Untere Abbildung:

Klärteich

Pflanzen-zone

Pflanzenzone mit Pumpenschacht

Druckleitung zum Klärteich

Schwimmteich

- Pumpen dürfen nie in der Tiefe des Teiches Wasser ansaugen, weil dadurch die Wasserschichtung zerstört und die Lebensräume der Kleinstlebewesen (Zooplankton, Phytoplankton) geschädigt werden. Sterben die Kleinstlebewesen ab, tragen sie nicht mehr zur Wasser-

Wenn das Wasser mit Hilfe von Dränagerohren durch die Wurzelzone geleitet wird, kann der gesamte Pflanzbereich eines Schwimmteichs als Kläranlage dienen .

reinigung bei, sind aber durch ihre Zersetzung Dünger für den Teich.

- Ein Skimmer, eine technische Einrichtung zum Absaugen von auf

Ein künstlicher Bachlauf vom Klärteich zum eigentlichen Nutzteich hat die Wirkung einer Klimaanlage. Lässt man den Bach bei Sonnenschein fließen, erwärmt sich das Wasser recht schnell. Lässt man dagegen den Bach in der Nacht fließen, kühlt das Wasser rasch ab. Auf diese Weise kann man den Temperaturverlauf im Schwimmteich beeinflussen.

der Oberfläche schwimmenden Blättern, Blütenstaub und toten Käfern, verbessert den Komfort eines Badeteichs enorm.

- Im Herbst ist es sinnvoll, den Teich mit einem Netz abzudecken, um den Teich vor Laub zu schützen. Vorab kann diese Beeinträchtigung schon bei der Planung bedacht werden, indem die verfügbaren Flächen entsprechend bepflanzt werden. Frisch eingetragenes Laub sorgt im Frühjahr für eine starke Vermehrung von Fadenalgen.

- Unterwasserpflanzen sind die besten „Staubsauger" für Nährstoffe und die aktivsten Sauerstoffspender. Im Herbst sollten sie bis auf 10 cm Länge abgeerntet werden. So kann man die Nährstoffmenge im Teich reduzieren.

- Zusätzlich zu den Unterwasserpflanzen sollte man Teichmuscheln als „Staubsauger" einsetzen. Muscheln filtrieren das Wasser und entziehen ihm Nährstoffe.

Daraus entsteht hochwertiges Eiweiß. Das Wachstum der Muscheln hängt vom Nährstoffeintrag ab. Je mehr die Pflanzen verwerten, desto weniger bleibt für die Muscheln.

- Der Teichrand sollte höher liegen als das Umgebungsniveau, damit bei Starkregen kein Schmutzwasser in den Teich fließt.

Sind diese äußeren Umstände gegeben, kann EM-Technologie mithelfen, das Wasser noch klarer, gesünder und lebendiger zu erhalten.

In Deutschland gibt es zurzeit etwa 50 öffentliche Schwimmteiche. In Österreich sind sie weiter verbreitet. Insbesondere kleinere Gemeinden können ihren Bewohnern unter Aufwand von geringen Unterhaltskosten auf diese Weise einen zusätzlichen Luxus bieten. Der erste öffentliche Schwimmteich, der mit EM-Technologie geführt wird, ist der der Gemeinde Sand in Taufers in Südtirol.

Solche Badeteiche sind aufgrund der intensiven Nutzung während der warmen Tage im Sommer stark belastet, da die meisten Badegäste Sonnenschutzcreme benutzen. Die fettigen Bestandteile und die Konservierungsmittel belasten die natürliche Selbstreinigungskraft der Teiche besonders stark.

Nachdem die Wasserqualität in den Anfangsjahren gerade während der Hauptsaison in Sand in Taufers immer wieder beanstandet wurde, konnte seit dem Einsatz von EM die natürliche Selbstreinigung des Wassers auch solchen Belastungen standhalten. Seither können alle schönen Tage für einen geregelten Schwimmbetrieb genutzt werden.

Für viele Menschen, die erstmals in einem natürlichen Gewässer schwimmen, ist es gewöhnungsbedürftig, dass der Untergrund nicht völlig „rein" ist. Egal ob eine ungeschützte Folie oder eine Kiesschüttung den Untergrund bildet, es werden sich dort immer Algen ansiedeln. Das fühlt sich glitschig an. Unterwasserpflanzen und Algen am Grund können die Badegäste erschrecken. Deswegen wird man einen Badeteich nur genießen können, wenn man bedenkt, dass die Pflanzen für die Hygiene im Badeteich sehr wichtig sind.

Die gesetzlichen Vorschriften in Deutschland verlangen bei Badegewässern eine Sichttiefe bis auf den Grund. Das soll den Bademeistern erlauben, Verunglückte möglichst schnell bergen zu können.

Gleichzeitig wird das Fehlen von koliformen Keimen erwartet, die jedoch durch Vogelkot unvermeidbar ins Wasser gelangen. Deswegen sichern sich viele Betreiber von Freibädern durch die Zugabe von Chlor ab. Sie folgen der wissenschaftlich bewiesenen Vorgehensweise und können durch Chlor Kolibakterien sicher ausschließen. Das widerspricht aber dem Prinzip eines Schwimmteiches.

6.1 EM-Empfehlungen für Schwimmteiche

- In der Planung alle technischen Notwendigkeiten für ein möglichst natürliches Gewässer beachten.
- In das Sediment der Pflanzbereiche mindestens 50 g, besser 100 g EM-X-Keramikpulver einbauen. Besteht der Teich schon, kann man dieses Pulver in Form von Dangos einbringen.
- In den Wasserkreislauf, sowohl im Sumpf, in dem das Wasser gesammelt wird, als auch im Klärteich, ist es ratsam, beim Eintritt des gepumpten Wassers 1 bis 5 kg graue Pipes einzubauen; in den Bachlauf ebenfalls die gleiche Menge einbauen.
- Bei der erstmaligen EM-Gabe in Teiche je nach Problem 1 bis 5 l EMa je 10 m³ Teichwasser verteilen.
- Während der Badesaison in sehr heißen Perioden einmal wöchentlich 1 l EMa je 10 m³ Teichinhalt geben. Ist der Teich in sich sehr stabil, reicht es, eine solche Gabe nur bei sich aufbauenden Problemen zu geben.

In der Praxis verlegt man die Dränagerohre vor dem Einbringen des Kieses und streut zwischen den Kies Keramikpulver.

Die intensive Wassertrübung dieses Koi-Teiches zeigt an, dass er nicht gesund ist. Im Teich gibt es keine Wasserpflanzen und der Klärteich kann nicht funktionieren. Die Beete rund um den Teich wurden auf Wunsch des Bauherren intensiv bepflanzt. Hier muss zuerst der Klärteich saniert werden, bevor man mit EM-Technologie eine Verbesserung erreicht.

- Nutzt man keine Netze zur Vermeidung des Eintrages von Laub im Herbst, sollten die im Frühjahr entstehenden Fadenalgen mit dem Rechen aus dem Wasser gesammelt und kompostiert werden.
- Übermäßigen Unterwasserpflanzenbewuchs spätestens im Spätherbst, eventuell auch während des Jahres abernten und kompostieren.
- Im Spätwinter oder im Frühjahr die abgestorbenen Blätter der Wasserpflanzen ernten und kompostieren.

In unseren Beratungsgesprächen werden wir immer wieder mit Klärteichen konfrontiert, deren Grundkonzeption fehlerhaft ist. Hier suchen wir gemeinsam mit dem Teichbesitzer nach geeigneten Stellen im Garten, an denen sich ein zusätzlicher Klärteich einbauen lässt.

Bisher haben wir noch in jedem Beratungsfall eine gute Lösung gefunden. Mit EM-Technologie lassen sich immer Wege finden, eine gute Wasserqualität zu erreichen.

➤ 7 Swimmingpools

Swimmingpools haben den großen Vorteil, dass man sie im Gebäude, in großen und kleinen Gärten, fest eingebaut oder mobil installieren kann. Als rein technische Bauwerke braucht man zunächst einmal keine Rücksicht auf die Natur des Wassers zu nehmen.

Klares Wasser erhält man im Pool dadurch, dass man eventuell sich entwickelnde Algen oder Mikroben chemisch oder physikalisch abtötet und diese Substanz durch einfache oder aufwendige Filter aus dem Wasser entfernt.

Durch verschiedene Techniken lassen sich sehr schnell angenehme Wassertemperaturen herbeiführen. Rücksicht auf biologische Zusammenhänge oder Grundsätze ist erst einmal nicht nötig.

Die biologischen Grenzen in solchen Freizeitanlagen werden oft durch deren Nutzer festgelegt. Einige stört der Geruch von Chlor. Andere bekommen durch die chemische Behandlung des Wassers Hautreizungen oder die Augen brennen, wenn Wasser hineinspritzt. Ein Nachdenken über die Wasserbiologie setzt auch oftmals dann ein, wenn Anlagen korrodieren und die Unterhaltskosten zu hoch werden.

Ein Beispiel aus der Praxis: Ein privater Pool in einer europäischen Ferienregion wird fast ohne

Die Pooltechnik besteht aus einer Umwälz-pumpe, zwei Dosieranlagen und zwei Sand-filtern von jeweils 70 Litern Inhalt.

herkömmliche chemische Zusätze geführt. Das Wasser hat einen Salz-gehalt von etwa 1,3 %.

Die erste Dosieranlage prüft bei der Wasserumwälzung den pH-Wert und fügt bei ansteigendem pH-Wert Apfelessigessenz oder Peressigsäu-re hinzu. Pro Jahr werden bei mehr als 200 Nutzungstagen etwa 40 l be-nötigt.

In der zweiten Dosieranlage wird ionisiertes Wasser hergestellt. Sie hat als integrierten Bestandteil eine elek-trisch betriebene Wasserelektrolyse. Am Pluspol, der *Anode*, entsteht sau-res Wasser mit einem Elektronen-mangel. Am Minuspol, der *Kathode*, entsteht stark basisches Wasser mit einem Elektronenüberschuss. Wer-den sie zusammengeführt, wird das Wasser wieder neutral. Das Beson-dere daran ist, dass viele zusätzliche Elektronen aus der Stromleitung an den Wasserstoff des Wassers ange-bunden sind. Dieser Elektronenüber-schuss verhindert, dass Wasser fault. Es hat ein hohes Redoxpotenzial.

Die Technik wurde schon in den 50er-Jahren in Japan entwickelt und wird heute, zum Beispiel in Russ-land, als sehr preiswerte Desinfekti-onstechnik in Medizin und Landwirt-schaft genutzt.[1]

Als Redoxpotenzial bezeichnen Phy-siker das freie Elektronenpotenzial einer Substanz. Biologisch ist es des-wegen interessant, da der hohe Elek-tronenüberschuss möglicherweise krank machende Mikroben in ihrer Lebensfähigkeit einschränkt. Zusätz-lich ist eine gewisse Chlorwirkung nicht auszuschließen. Manchmal tritt ein leichter Chlorgeruch auf.

In den beiden großen Sandfiltern der Anlage sind zusätzlich 5 kg graue Pipes eingebaut. Bei der Kontrolle

---

1 Weitere Information zu ionisiertem Wasser sind im Internet verfügbar.

fällt auf, dass dort kein übler Geruch wahrnehmbar ist.

Skimmer fangen oberflächig schwimmende organische Substanz ab. Zusätzlich wird je nach Notwendigkeit eingetragenes Material mit dem Köcher abgesammelt. Natürlich wird der Boden des Pools regelmäßig mit einem Poolsauger gereinigt.

Da in diesem Fall immer nur eine sehr beschränkte Anzahl von Menschen den Pool nutzt, wird er auch relativ wenig belastet. Niemand springt dort mit frisch aufgetragenem Sonnenschutz ins Wasser, sodass dadurch keine Belastung entsteht.

Steigen die Wassertemperaturen im Hochsommer jedoch über 28 °C, muss dann und wann schon einmal eine Chlortablette in den Pool gegeben werden.

Zusätzlich werden in vielen Fällen auch an anderer Stelle die grauen Pipes eingesetzt: in den Abläufen der Überlaufrinnen, in zusätzlich in den Wasserkreislauf eingebauten Wasserfiltern, die mit grauen Pipes statt mit einer Filterpatrone ausgerüstet sind, oder aber auch nach dem Muster, wie Sie es dem Praxisbericht über das Schwimmbad der Gemeinde Hollfeld in Kapitel 10.1 entnehmen können.

Die folgende Variante der Wasserklärung kann sowohl bei Pools eingesetzt werden als auch im Garten oder im Hause: Man installiert am Rande des Pools möglichst viele wasserdichte Pflanzgefäße hintereinander und verbindet sie mit Rohren. Die Pflanzgefäße werden 20 cm hoch mit Lava- oder Zeolith-Splitt befüllt. Zeolith oder Lava wird vor dem Einbau in EM1 oder EMa getränkt. In diese Lage kommen pro Quadratmeter Grundfläche 100 g EM-X-Keramikpulver oder 100 g graue Pipes. Darüber gibt man gewaschenen Kies und füllt die Gefäße damit bis zum Rand.

Diese Pflanzgefäße werden möglichst dicht mit Wasserpflanzen bepflanzt. Vor dem Überlauf baut man eine Trennung aus Kunststoff so ein, dass eingeleitetes Wasser nur unten durch einen Spalt von 2 bis 3 cm in den Überlauf eintreten kann. Die Pflanzgefäße wirken wie ein Klärteich.

Wenn man das Klärsystem besonders effektiv gestalten will, schaltet man noch ein großes Aquarium dazwischen. Darin sollten möglichst viele Unterwasserpflanzen wachsen, die das Wasser mit Sauerstoff versorgen.

Durch diese Gefäße leitet man das Umlaufwasser. Die Pflanzen nehmen

eingetragene organische Materialien und im Wasser gelöste Mineralien auf.

Gerade private Pools werden häufig nur sehr unregelmäßig genutzt. Damit wird auch den Pflanzen in sehr unregelmäßigen Abständen Nahrung zugeführt. Deswegen wachsen die Pflanzen auch nur langsam und unregelmäßig. Sie entwickeln sich nur bei intensiver Nutzung, weil dann Schweiß mit Fett, Hautschuppen und

In heißen Ländern kann ein Schwimmbad auch im Garten fast das ganze Jahr über genutzt werden. Eine regelmäßige Reinigung ist unerlässlich.

Haare, die die Schwimmer hinterlassen, die Pflanzen ernähren.

Sollten Pflanzen absterben, werden diese durch die Effektiven Mikroorganismen verstoffwechselt und dienen den anderen Pflanzen als Nahrung.

Eine technische Schwierigkeit bei dieser Variante ist, dass gechlortes

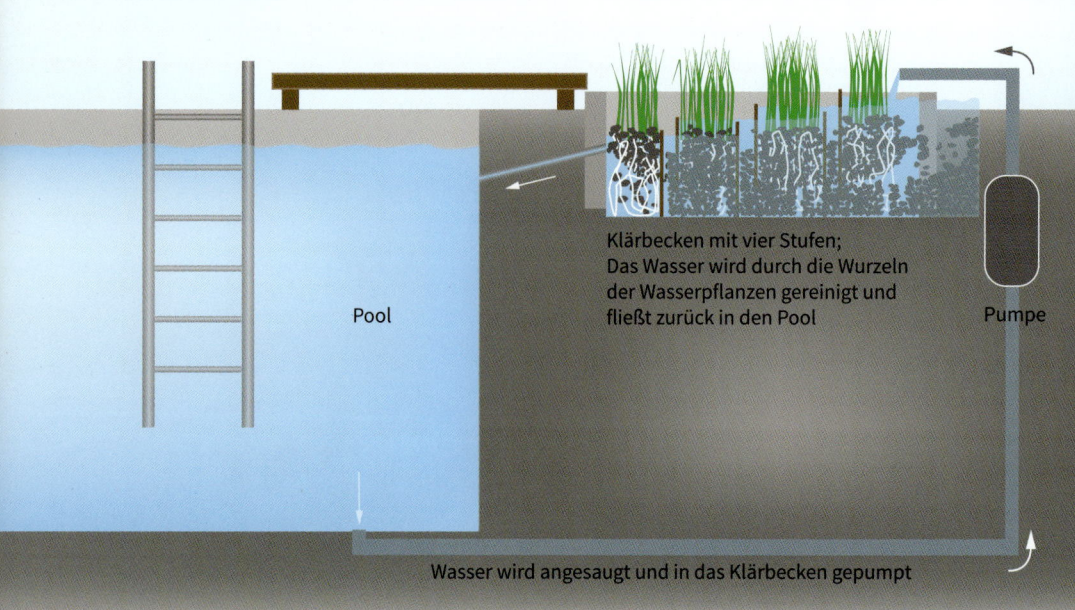

Klärbecken mit vier Stufen;
Das Wasser wird durch die Wurzeln
der Wasserpflanzen gereinigt und
fließt zurück in den Pool

Pool

Pumpe

Wasser wird angesaugt und in das Klärbecken gepumpt

Biologische Klärung des Poolwassers

Wasser ausgetauscht werden muss. Erst dann kann diese Art der biologischen Klärung durchgeführt werden.

Bei Pools im Haus ist außerdem auf eine ausreichende Belichtung der Pflanzen zu achten. Vegetationslampen sind im Regelfall notwendig und sinnvoll.

Ein weiterer Punkt ist zu beachten: Meist sind in Pools Pumpen mit zu großer Leistung eingebaut. Kann man die Leistung reduzieren und das Wasser mit geringem Energieaufwand in 24 Stunden ein- bis zweimal durch die Klärgefäße leiten, ist klares Wasser gewährleistet. Das Wasser wird wunderbar weich und hautfreundlich.

Wenn Sie auf Chlor verzichten, schont das neue Wasser auch die Räumlichkeiten und die technischen Einrichtungen.

➤ 8 Regenwasserreservoire – Zisternen

Regen fällt oft in so großen Mengen, dass er nicht völlig vom Boden aufgenommen werden kann. Dann folgen wieder Zeiten, in denen die Neiderschlagsmenge für das Pflanzenwachstum nicht ausreicht. Die Natur bildet Grundwasser, Seen, Teiche, Bäche und Flüsse, um zeitweise überschüssiges Wasser abzuführen oder so zu lagern, dass es den Pflanzen das ganze Jahr über zur Verfügung steht.

Ganzjährig verfügbares Wasser ermöglicht kulturelle Entwicklung. Im Zweistromland, dem Garten Eden, wurden schon vor 5000 Jahren Bewässerungssysteme eingerichtet. Alle Hochkulturen hatten eine geordnete Wasserwirtschaft als Grundlage. Dadurch war es möglich, in einer begrenzten Region das ganze Jahr über Pflanzen für die Ernährung von Mensch und Tier zu erzeugen.

So entstand die Sesshaftigkeit, die Basis für wesentliche kulturelle Fortschritte. Ganzjährig verfügbares Wasser auf guten Böden ist die Grundlage für Nahrungsüberschüsse und damit für alle kulturellen Entwicklungen der Menschheit. Vom Menschen geplante Wasserwirtschaft macht das Leben einfacher und angenehmer.

Die Römer bauten technisch sehr aufwendige Wasserleitungen und ermöglichten dadurch die Entwicklung vieler Städte. Noch heute bewundern

Deichen zu verhindern. Gleichzeitig muss das überschüssige Regenwasser das ganze Jahr über durch die Deiche so abgeführt werden, dass Gärten, Wiesen und Äcker bewirtschaftet werden können und nicht vernässen.

In Regionen, die nur zu bestimmten Zeiten mit Niederschlägen rechnen können, zum Beispiel in Südeuropa mit seiner langen Sommertrockenheit, bedeutet Wasserwirtschaft, das Wasser so zu lagern, dass in den trockenen Zeiten Trink- und Gießwasser zur Verfügung steht. Wasserwirtschaft ist somit überlebensnotwendig.

In Deutschland kommt noch ein weiteres Kriterium hinzu: die Abwassergebühren! In unseren Siedlungen muss Regenwasser von vielen versiegelten Böden, Straßen, Plätzen, Häusern und Hallen so abgeleitet werden, dass es auch bei starken Regenfällen keinen Schaden anrichten kann. Das Regenwasser wird im Regelfall durch die gleichen Abwassersysteme abgeleitet, die auch die Abwässer abführen, oder es müssen separate Abwasserleitungen für Regenwasser von versiegelten Flächen eingerichtet werden. Die Bewirtschaftung dieses Wassers ist sehr kostenintensiv. Deshalb ist Abwasser

wir sehr schöne und effektive Trinkwasserspeicher der arabischen Hochkulturen, die gebaut wurden, um die Sommertrockenheit zu überwinden. Für uns Menschen ist Wasser ein lebenswichtiger Rohstoff – bestehen wir doch je nach Altersstufe zu 60 bis 90 % aus Wasser.

Doch in vielen Regionen der Erde ist Wasser ein Problem. An der Nordsee bedeutet Wasserwirtschaft, das Eindringen des Meeres in die Wohnplätze und auf die Äcker mithilfe von heute um ein Vielfaches teurer als Trinkwasser.

Häufig ist es wirtschaftlich und ökologisch generell sinnvoll, Regenwasser zu nutzen und so zu führen, dass es das Grundwasser auffüllen kann oder den Pflanzenbewuchs stützt.

Das einfachste Regenwasserreservoir ist die Regentonne, aus der man den Garten gießt. Hiermit haben viele Menschen Erfahrungen.

In den heißen Sommermonaten sind offene Regentonnen jedoch ein Brutplatz für Mücken. Das zeigt, dass nicht nur Wasser in der Regentonne ist. „Mückenlarven zeigen an, dass das Wasser fault", wie der Volksmund sagt. Wasser kann aber nicht faulen. In H_2O gibt es naturgemäß keine organischen Substanzen und nur sie stellen eine Grundlage für Fäulnis dar. Es muss also organische Substanz von außen ins Wasser gekommen sein.

Auf den Hausdächern, über deren Regenrinnen die Regentonnen meist gespeist werden, siedeln Moose und andere Pionierpflanzen. Diese werden vom Regen abgewaschen und in die Tonne gespült. Auch Pollen und andere organische Stäube, natürlich auch Mineralien, lagern sich auf dem Dach ab und gelangen ebenfalls mit dem Regen in die Tonne.

Die Regentonne ist ein völlig unnatürliches Umfeld für diese organischen Substanzen. Wir Menschen bedenken zu selten, dass organische Substanz nach dem Plan der Natur immer im Kreislauf des Lebens zirkulieren soll. Deswegen ist es für die Natur sinnvoll, dass die organische Substanz in der Regentonne zu faulen beginnt. Damit schafft die Natur ein Umfeld, in dem die Mücken über Larven ihr Milieu zur Vermehrung finden.

Ziel dieser Maßnahme ist, dass die organische Substanz der unnatürlichen Umgebung „Regentonne" in Form einer Mücke entkommen kann. Danach stirbt diese ab oder wird von Vögeln gefressen und kommt als Leiche oder Vogelkot wieder den Pflanzen als Nahrung zugute.

Die Natur kann sich nicht vorstellen, dass die Menschen das Wasser aus der Tonne herausschöpfen und damit die organische Substanz und die Mineralien wieder in den Kreislauf zurückbringen. In der Praxis zeigt sich ja, dass wir den Bodensatz in einer solchen Tonne nur ein- oder zweimal im Jahr entnehmen. Festzuhalten ist in diesem Fall, dass Fäulnis für die Natur sehr sinnvoll sein kann.

Eine Lagerstätte für Regenwasser sollte das Wasser immer vor Sonneneinstrahlung schützen. Gerade in heißen Ländern sind in die Erde eingebaute Zisternen die sinnvollste Lösung.

Nun sind wir Menschen auch sehr klug. Wir haben festgestellt, dass weniger oder seltener Fäulnis auftritt, wenn wir das gelagerte Wasser nicht der Sonne aussetzen. Rein naturwissenschaftlich verhindern wir nur, dass sich durch die Kraft der Sonne in der Tonne Pflanzen (Algen) aus den eingespülten absterbenden organischen und den mineralischen Bestandteilen bilden. Nach dem Plan der Natur ist die Bildung von Algen sinnvoll, weil so die größeren Lebewesen im Wasser die kurzlebigen Algen fressen, bis schließlich ein Fisch daraus entstanden ist. Dieser könnte dann einem Wasservogel als Nahrung dienen. Die organische Substanz könnte dann als Vogelkot wieder zur Pflanzennahrung werden.

Verhindern wir nun Sonneneinstrahlung und Algenbildung, bringen wir das eingespülte organische Material in Wartestellung. Ohne Sonne laufen alle Umwandlungen organischer Substanz sehr langsam ab.

Deswegen ist es sachlich immer richtig, Regenwasser, das als Gießwasser genutzt oder als Trinkwasser aufbereitet werden soll, so zu lagern, dass es vor Sonneneinstrahlung geschützt wird. Ist das Lager in die Erde eingebaut, bleibt das Wasser auch noch kühl, was die Entwicklung von organischen Prozessen hemmt. Ein durchsichtiges Kunststoffgefäß, wie die großen und recht preiswerten 1000-Liter-Container, ist deshalb kein geeignetes Lager für Regenwasser, solange es nicht in den Boden eingegraben oder durch eine Ummantelung (dunkler Anstrich oder Lichtschutz durch Einbau in eine Hütte) vor dem Sonnenlicht geschützt wird.

Regentonnen sollten immer einen Deckel haben oder sogar teilweise in den Boden eingelassen werden. Sind diese technischen Voraussetzungen erfüllt und man ist mit der Qualität des Wassers noch nicht zufrieden, kommt EM-Keramik zum Einsatz. Sie hilft dem Wasser, seine Selbstreinigungskraft wiederherzustellen.Die Verwendung von EM1 oder EMa ist in solchen Situationen sinnlos.

8.1 Warum EM nicht in die Regentonne gehört

EM1 oder EMa sind lebende Mikroben, die Mineralien und absterbende organische Materialien pflanzenverfügbar machen. Pflanzenwachstum ist in der Regentonne nicht erwünscht und im Regelfall nur als Alge möglich, weil die Bedingungen für höhere Pflanzen nicht gegeben sind.

EM wäre unter diesen Gesichtspunkten einfach kontraproduktiv. Außerdem sind die Mikroben ja auch organische Materialien und das Wasser bekäme weitere unerwünschte Zusätze.

Ein Freund mit einem Haus im südlichen Europa hatte in seiner anfänglichen EM-Euphorie in eine 35 Kubikmeter Wasser fassende Zisterne, also eine sehr große Regentonne, 20 Liter EMa gegeben, weil er mit dem Wasser aus der Zisterne im Sommer seinen Garten bewässerte. Er wollte sich die Arbeit der EMa-Zudosierung ersparen.

Nach etwa zwei Wochen stank das Wasser aus der Zisterne so sehr, dass er sie möglichst schnell und vollständig leerte. Anschließend musste er einen ganzen Tag mit der Reinigung der Zisterne zubringen.

Selbst wenn das Wasser nicht faulen würde, würden wir von der EM-Gabe in eine Zisterne abraten, weil wir immer wieder erleben, dass die Effektiven Mikroorganismen auf allen Oberflächen eine Schleimschicht bilden. Dieser Schleim könnte sogar Wasserleitungen verstopfen.

Möchte man mit wenig Arbeit EM1 oder EMa in ein Leitungssystem geben, raten wir zu einem Dosatron, einem Gerät, mit dem auch professionelle Gärtner arbeiten. Damit wird Flüssigdünger in Gießwasser oder Reinigungsmittel in Reinigungswasser gegeben. Dosiert man EM dazu, sollte man nach der EM-Gabe immer eine Zeitlang klares Wasser nachlaufen lassen, damit möglichst wenig Mikroben im Leitungssystem verbleiben.

8.2 Wie man EM-X-Keramik in Regenwasserreservoire einbringt

Wir werden immer wieder gefragt, wie viel Keramik man in ein Wasserreservoir einbringen soll, damit das Wasser dauerhaft stabil bleibt. Die Standardantwort ist: 500 g graue Pipes pro Kubikmeter, also pro 1000 Liter.

Aber im praktischen Leben tritt die Standardsituation sehr selten ein. Wir kennen viele Regentonnen von 150 l Inhalt, in denen ein Beutel (500 g) graue Pipes liegt. Die Nutzer verfolgen damit zwei Absichten: erstens stabiles Wasser und zweitens eine möglichst schnelle Wasserveränderung zum Wohl der Pflanzen.

Sinnvoll ist es auch, 40–50 Pipes zu einer Kette aufzufädeln und in die Tonne zu legen. Zwischen den Pipes werden entweder Knoten gemacht oder nicht leitende Perlen gefädelt, weil sich die magnetischen Felder der einzelnen Pipes sonst eventuell ausgleichen, sagt die Theorie. In der Praxis funktionieren aber auch Ketten

aus Pipes, die nicht voneinander getrennt sind.

Wirklich stabiles Wasser erreicht man aber nur, wenn der Boden der Tonne sedimentfrei ist und die Tonne einen Deckel hat. In Regionen, die sehr durch Industriestaub, eventuell sogar durch Dioxine belastet sind, wird auch die graue Keramik das Problem nicht allein lösen können.

Hier können zusätzlich zur grauen Keramik Pipes aus rosa Keramik verwendet werden. Beachten Sie aber, dass die rosa Pipes etwa jedes halbe Jahr ausgetauscht werden sollten.

Unser Freund im Süden hat inzwischen zwei 5-Liter-Eimer mit Beton ausgegossen und dabei eine Halterung für ein Seil eingebaut. Dem Beton mischte er so viel wie möglich, etwa 500 g, EM-Super-Cera-Pulver (EM-X-Keramikpulver) bei.

Diese Betongussteile hängen im Wasser der Zisterne. Seit er die auf dem Foto (siehe oben rechts) sichtbare Kette und die beiden Betonteile in der Zisterne installiert hat, ist er mit seinem Zisternenwasser zufrieden.

Im optimalen Fall würde man bei der Erstellung einer Zisterne drei Promille bis zu einem Prozent

EM-X-Keramikpulver, in Beton eingegossen, und eine Kette aus grauen Pipes sorgen neben der sachgerecht aufgebauten Zisterne für gutes Wasser. EMa kann in einer solchen Lagerstätte nicht erfolgreich wirken.

EM-Super-Cera-Pulver in den Beton der Wände und des Bodens einmischen. Ein Kubikmeter Beton wiegt 2000 bis 2600 kg. Also kann man auf einen Kubikmeter 6 kg oder bis zu 20 kg EM-Super-Cera-Pulver beimischen, allerdings nur, wenn der Beton vor Ort angemischt und ohne sonstige Zusätze verarbeitet wird.

Fertigbeton enthält Zusätze eingemischt, die sich nicht mit der EM-Technologie vertragen. Gleichzeitig kann dem Wasser zum Anmischen des Betons EM1 zugesetzt werden. Dabei fügt man 100 l Wasser 1 l EM1 hinzu. Entsprechende Mengen können auch in den Putz eingemischt werden. Dadurch wird für das Zisternenwasser ein Schwingungsfeld aufgebaut, das die Wasserqualität stabilisiert.

➤ 9 Wasserpflanzen

9.1. Die Logik der stark und schwach zehrenden Wasserpflanzen

Ob das Wasser in einem Gartengewässer klar ist, hängt von den Möglichkeiten der Wasserpflanzen ab, die eingetragenen Nährstoffe zu verzehren. Wasserpflanzen, die wir als *stark zehrend* bezeichnen, haben viel „Hunger" und „fressen" alles, was ihnen so vor die Wurzel kommt. Darum wachsen sie auch sehr schnell. Bekommen solche Pflanzen nur ein geringes Nahrungsangebot, ist ihr Wachstum eingeschränkt. Normalerweise müsste das Wasser dann klar sein.

In der Beratungspraxis finden wir aber auch trübe Teiche vor, in denen Starkzehrer nicht gut wachsen, Algen hingegen schon. Ursache ist dann meistens, dass die Nährstoffe nicht zu den Wurzeln gelangen und von den Algen verzehrt werden. Dann kann Abhilfe geschaffen werden, wenn das Wasser durch einen kleinen Springbrunnen oder Wasserlauf in Bewegung gebracht wird, damit die Nährstoffe auch an den Pflanzenwurzeln vorbeigespült werden.

In unserem Kapitel über Schwimmteiche empfehlen wir, das Wasser über Dränageleitungen durch den Wurzelraum der Pflanzbeete zu ziehen. So werden die im Wasser gelösten Nährstoffe zu den Wurzeln gezogen, damit die Pflanzen die Chance haben, diese zu „fressen".

Für die Bepflanzung sollte man immer einen Mix aus stark und schwach zehrenden Wasserpflanzen einplanen. Diejenigen, die an ihrem Standort die besten Bedingungen finden, werden sich durchsetzen.

Hat man dann in einem Jahr einmal außergewöhnlich viel Eintrag von Nährstoffen, sollte man die Anzahl der stark zehrenden Pflanzen erhöhen. Ein solches überraschend hohes Nährstoffangebot kann zum Beispiel durch intensive Nutzung des Teichs durch Kinder oder Menschen entstehen, die mit Sonnenschutzcreme baden gehen, oder weil man es nicht rechtzeitig geschafft hat, Blätter, Blütenstaub oder Samen abzufischen. Sinkt dann in den folgenden Jahren das Nährstoffangebot wieder, werden diese Starkzehrer verschwinden.

Bei einigen Pflanzen haben wir in der folgenden Tabelle den Begriff „nährstofftolerant" verwendet. Solche Pflanzen haben die Fähigkeit, sich einem wechselnden Nährstoffangebot durch schwaches oder starkes

Wachstum anzupassen. Sie sollten in keinem Teich fehlen.

Die Schwachzehrer werden von vielen Pflanzenverkäufern empfohlen, weil diese unter Garantie ein schönes Bild abgeben werden. Als Pflanzen sind sie auch wegen des schwächeren Wachstums pflegeleichter. Nur können diese Argumente nicht überzeugen, wenn der Teichbesitzer nur eine begrenzte Pflanzfläche zur Verfügung steht.

Dieter Aust hat die nun folgende Tabelle mit den Charakterzügen der einzelnen Pflanzen zusammengestellt. Mit ihrer Hilfe können Sie in Abhängigkeit des Standortes die passende Auswahl treffen. Viel Glück dabei!

9.2 Übersicht über die wichtigsten Wasserpflanzen

von Dieter Aust

Wasserpflanzen für nährstoffarmes Wasser				
Botanischer Name	**Deutscher Name**	**Bemerkungen**	**Wuchshöhe**	**Wassertiefe**
Acorus calamus	Kalmus	Heilpflanze und Zeigerpflanze für sauberes Wasser, buntlaubige und Zwergarten sind nicht winterhart	bis 80 cm	15–20 cm
Calla palustris	Sumpfcalla, Schweinsohr	liebt mineralisches Substrat	15–20 cm	Sumpfzone, dauernass
Carex spec.	Seggen	reinigend	15–80 cm, je nach Art	Uferzone
Cladium spec.	Binsen	Halme meist rund, Böschungssicherung, beschattend	20–150 cm, je nach Art	Sumpfzone bis 15 cm
Eriophorum spec.	Wollgras	sonniger Standort, saurer Moorboden, nicht sehr konkurrenzstark	20–60 cm, je nach Art	Sumpfzone bis 15 cm
Fillipendula ulmaria	Mädesüß	wirkt reinigend, Böschungssicherung	60–180 cm, je nach Art	Feuchtzone
Juncus spec.	Binse	aufrechte Ufergräser, reinigend, Böschungssicherung, Horst/Rasen bildend	20–160 cm, je nach Art	Feuchtzone, bis 15 cm
Lysimachia thyrsiflora	Gelbweiderich	stark ausläufertreibend, nährstofftolerant	60 cm	Uferrand, feucht bis sumpfig
Mentha aquatica	Wasserminze	reinigend, Böschungssicherung, stickstoffliebend	30 cm	Uferrand
Menyanthes	Fieberklee	beschattend, konkurrenzschwach	15–30 cm	Sumpfzone bis 10 cm
Mimulus luteus	Gauklerblume	schöner Blütenflor	bis 50 cm	Uferrand

Wasserpflanzen für nährstoffarmes Wasser				
Botanischer Name	Deutscher Name	Bemerkungen	Wuchs-höhe	Wasser-tiefe
Myosotis palustris	Sumpfvergiss-meinnicht	reinigend	20–40 cm	Sumpfzone, bis 10 cm
Myriophyllum aquaticum/M. spicatum./ M. verticillatum	Tausendblatt	Sauerstoffpflanze, wichtige Reinigungs-pflanze, stark wach-send bei Nährstoffüber-schuss, nährstofftolerant	Unterwas-serpflanze	mind. 50 cm
Potamogeton spec.	Laichkraut	Sauerstoffpflanze, nährstofftolerant	je nach Art	versch. Wassertiefen
P. crispus	Krauses Laich-kraut	–	20–200 cm	ab 30 cm
P. densus	Dichtes Laich-kraut	–	30–40 cm	ab 30 cm
P. lucens	Glänzendes Laichkraut	nur Unterwasserblätter	50–300 cm	ab 60 cm
P. natans	Schwimmen-des Laichkraut	Schwimm- u. Unter-wasserblätter	50–150 cm	ab 60 cm
Ranunculus aquatilis	Wasser-hahnenfuß	Sauerstoffpflanze, nährstofftolerant	unter Wasser 30–250 cm, außerhalb nur flach	ab 30 cm
Scirpus lacustris	Teichsimse	reinigend, Böschungs-sicherung	100–250 cm	10–30 cm
Sc. sylvaticus	Waldsimse	Böschungssicherung	30–100 cm	10–30 cm
Sparganium, versch. Arten	Igelkolben	reinigend, Böschungssicherung	10–30 cm	bis 50 cm
Thelypteris pa-lustris	Sumpffarn	Sauerstoffpflanze	bis 40 cm	Sumpfzone
Typhia laxmannii	Laxmann-Rohrkolben	reinigend, Böschungssicherung	150 cm	10–30 cm
T. minima	Kleiner Rohr-kolben	Böschungssicherung	40 cm	–

Stark zehrende Wasserpflanzen				
Botanischer Name	Deutscher Name	Bemerkungen	Wuchs-höhe	Wasser-tiefe
Alisma spec.	Froschlöffel	Blattflecken bei Stickstoff-Mangel	10–90 cm je nach Art	Uferrand bis 30 cm
Caltha palustris	Sumpfdotter-blume	relativ konkurrenzschwach	20–40 cm	bis 10 cm
Cerato-phyllum	Hornkraut	Schwimmpflanze	–	–
Eichhornia	Wasser-hyazinthe	nicht frosthart, zeigt durch Blattfärbung Nährstoffge-halt an, wärme- und nähr-stoffliebend	Schwimm-blattpflan-ze, 20 cm	ab 10 cm
Elodea canadensis	Wasserpest	Unterwasserpflanze, Kalk- und Nährstoff liebend, wu-chert bei Nährstoffangebot, nicht für belastete Gewässer	20–50 cm	20–80 cm
Eupatorium rugosum	Wasserdost	weißblühend, zur gestalte-rischen Aufwertung von Repositionsanlagen	80 cm	Uferrand
Hydrocharis morsusranae	Froschbiss	Schwimmblattpflanze, kalk-arm, überwintert am Teich-grund	bis 30 cm	ab 10 cm
Iris pseuda-corus	Sumpfschwert-lilie	schöne Blüte, zur gestalte-rischen Aufwertung von Repositionsanlagen	bis 150 cm	Uferrand, auch bis 20 cm
Lythrum salicaria	Blutweiderich	kräftig violettes Blütenbild, weidenähnliche Blätter	bis 150 cm	feucht bis Uferrand
Nuphar lutea	Teichrose	reinigend, Sauerstoff-pflanze, alle Teile giftig	bis 20 cm (Blüte)	Mindestens 50 cm
Nymphea, versch. Arten	Seerose	Schwimmblattpflanze, vie-le Arten/Sorten, dekorativ	bis 30 cm (Blüte)	20–120 cm, je nach Art
Phragmites australis	Schilf	dominantes Wachstum, Repositionspflanze	15 –400 cm	bis 50 cm
Potenderia cordata, P. lanceolata	Hechtkraut	orchideenähnlich, oft emp-fohlen, aber nicht winter-hart	50 cm (über Wasser)	20–30 cm

Stark zehrende Wasserpflanzen				
Botanischer Name	Deutscher Name	Bemerkungen	Wuchs-höhe	Wasser-tiefe
Stratiodes aloides	Krebsschere, Wasseraloe	nur zur Blüte an der Oberfläche, Wärme- und Nährstoff liebend, kalkarm	Unterwasserpflanze	bis 200 cm
Typha latifolia	Rohrkolben	Repositionspflanze	bis 200 cm	Sumpfzone

Erklärung der Fachausdrücke

Repositionspflanzen:

Stauden und Gehölze, die für Rekultivierung und Renaturierung verwendet werden. Der Begriff stammt vom lateinischen *„reponere"* ab, das heißt „einrenken, wiederherstellen", also: *Reposition = „Wiederherstellung".* Die sogenannten Repo-Pflanzen sind einheimische Wildstauden mit hoher Durchsetzungs- und Reinigungskraft.

Ihre Funktion:
- Ufersicherung durch festes Wurzelwerk
- Wasserklärung
- Aufnahme toxischer und organischer Stoffe, hohe Nährstoffaufnahme

Nährstofftolerante Pflanzen:

Sie vertragen sowohl hohen als auch niedrigen Nährstoffgehalt.

Schwach wachsende Pflanzen:

Man sollte sie nicht in Gesellschaft stark wachsender Pflanzen ansiedeln.

spec. | *Abkürzung für Spezies. Es gibt mehrere Arten, Eigenschaften gelten für alle Arten der Gattung.*

Hilfreiche Website: www.mein-schoener-garten.de, dort unter „Pflanzen" und „Wasserpflanzen" nachschauen.

➤ 10   Praxisberichte

10.1   Das erste EM-Freibad in Deutschland

von Mitra Sepidbarin

Im Schwimmbad der fränkischen Stadt Hollfeld wird der Einsatz von EM-X-Keramik erprobt, um das Wasser für die Besucher angenehmer zu machen. Schon im ersten Jahr waren erste Erfolge zu verbuchen. Diese Erfolge sind bis heute (Stand: Frühjahr 2017) stabil.

In der nördlichen Fränkischen Schweiz liegt als zentraler Hauptort die 5500-Einwohner-Stadt Hollfeld mit einem an das Kainachtal angrenzenden neuen Freibad.

Seit den durchgeführten Sanierungen im Jahr 2000 erreicht Hollfeld dort durchgehend stabile Wasserwerte. Das Freibad zählt zu den Bädern mit der besten Wasserqualität und den geringsten Chlorgaben in Oberfranken.

Seit der Badesaison 2004 wurde das beliebte Freibad noch attraktiver.

Eine Umfrage ergab zudem, dass Badegäste, die schon seit Jahren in Hollfeld zum Schwimmen gehen, positive Veränderungen im Wasser wahrnehmen konnten.

Weicheres Wasser für die Badegäste

Das Wasser fühlt sich weicher an, die Haut ist nach dem Schwimmen weniger trocken und der weiße Film, der sonst bei einigen Gästen nach dem

Badespaß die Haut spannte, tritt seit dem vergangenen Jahr kaum noch auf.

Nebenwirkungen, die oft durch das gebundene Chlor auftraten, wie z. B. rote Augen, Hautbrennen und Hautjucken, blieben in diesem Jahr weitgehend aus. Besonders den Eltern fiel auf, dass ihre Sprösslinge weniger rote Augen bekamen. Auch ohne Creme blieb die Haut nach dem Baden weicher.

Ein Grund mehr für die Gäste aus näherer und weiterer Umgebung, aus dem Raum Bamberg und Bayreuth, auch weiterhin nach Hollfeld zu kommen, um dort die Vorzüge des Freibades zu genießen.

Ursache für die bessere Wasserqualität im Sommer 2004 war zum einen die wetterbedingte geringere Beanspruchung durch weniger Badetage und weniger Badegäste. Zum anderen verdankten die Hollfelder das Plus an Wasserqualität dem Einsatz der EM-Keramik im Schwallwasserraum.

Pioniergeist brachte erste Erfolge

Möglich wurde dieser erste Einsatz der EM-Technologie in einem öffentlichen deutschen Schwimmbad durch die Initiative der Hollfelder Bürgermeisterin Karin Barwisch. Sie erkannte die wichtige Bedeutung umweltfreundlicher Technologien für die langfristigen Einwirkungen auf unser Wasser und deren Auswirkungen auf die Gesundheit von Mensch und Natur. Nach längerer intensiver Beschäftigung mit EM entschloss sie sich, gemeinsam mit dem Schwimmmeister Gerd Mache, zu diesem ersten EM-Projekt in Hollfeld.

Das (heute nicht mehr bestehende, Anm. d. Verlags) Zentrum für regenerative Mikroorganismen in Franken, „Der lebendige Weg" in Hollfeld, begleitete dieses Projekt mit Rat und Tat.

Für das Freibad mit einer 16-Meter-Rutsche (eigenes Becken), einem Kinderbecken und einem 33 m langen Schwimmer- und Nichtschwimmerbecken (590 m^3 Wasser) wurden insgesamt 65 Beutel EM-Keramik-Pipes à 500 g eingesetzt.

In dem Bemühen, die EM-Keramik-Pipes bestmöglich zum Einsatz zu bringen, knüpften die engagierten EM-Beraterinnen Mitra Sepidbarin und Roswitha Gunzelmann mit Unterstützung beider Familien und Freunden ein Netz aus 30 Beuteln EM-Keramik-Pipes (ca. 10 900 Pipes), aufgezogen auf ein 3 mm starkes, geflochtenes

Die grauen Pipes wurden hier sehr aufwendig in einem Netz verflochten, damit das Wasser die magnetischen Felder durchströmt und Informationen aus der Keramik aufnehmen kann. Daraufhin lagerten sich im Schwallraum so gut wie keine Fettreste von Sonnenschutzcreme mehr ab.

Polypropylenseil (PP). Zwischen den Pipes wurden jeweils Knoten geknüpft. Mit dieser sehr aufwendigen Extraarbeit wird eine gleiche Polarisation zwischen den einzelnen Pipes, zu der es bei direktem Kontakt der Erden kommen kann, vermieden. Bei loser Anwendung der Pipes oder auch im Beutel braucht dem keine Bedeutung beigemessen zu werden.

Das Keramiknetz wurde mit Hilfe von Edelstahlrundhaken im Schwallwasserraum aufgehängt. Die restlichen 35 Beutel wurden z. T. am

Boden des Netzes und in den vier Ecken des Schwallwasserraumes zusammengebunden platziert.

Das Wasser der drei Becken fließt zuerst durch den Schwallwasserraum, dann durch die zwei großen Sandfilter und gelangt anschließend gereinigt wieder in die Becken.

EM-Technologie und konventionelle Schwimmbad-Technologie

Der Härtegrad des Wassers unterscheidet sich seitdem eindeutig von den Werten der Vorjahre. Die EM-Keramik verändert das Spannungsverhältnis im Wasser, wodurch es weicher wird. In diesem sensiblen System eines öffentlichen Schwimmbades nimmt die EM-Keramik aber auch Einfluss auf die Säurekapazität und den pH-Wert. Diese Veränderungen gilt es genau zu beobachten, da das gesamte System, im Besonderen die einzusetzenden Flockungsmittel, in ihrer Funktion von diesen Werten abhängen. Im privaten Schwimmbadbereich dürfte die Handhabung der EM-Keramik wesentlich unkomplizierter sein.

EM-Keramik hat die Eigenschaft, Chlor aus dem Wasser zu verdrängen. Das bringt in öffentlichen Bädern, wo das Chlor automatisch immer auf einem gewissen Level gehalten, d. h. nachdosiert wird, auf den ersten Blick nicht wirklich viel. Um die Chlormenge im Wasser zu reduzieren, müssten die Gaben an freiem Chlor auf die niedrigste zugelassene Menge gesenkt werden.

2004 wurden die Chlorgaben aufgrund der wenigen Badetage und der geringen Anzahl von Badegästen am Anfang der Saison bei wenig Betrieb mit 0,25 – 0,3 mg Cl/l (freies Chlor je Liter Wasser) gefahren und Mitte der Saison, bei starkem Betrieb mit 0,4 – 0,44 mg Cl/l, also ohnehin schon mit geringen Mengen an Chlor.

Wir sind mit unseren Beobachtungen über die Wirksamkeit der EM-Technologie im öffentlichen Freibadbereich stark vom Wetter und von den sich daraus ergebenden Zahlen der Badegäste abhängig. Nun wollen wir versuchen, bei höherer Belastung, also bei besserem Wetter und mehr Badegästen (über 1000), das freie Chlor im niedrigen Grenzbereich (0,3 mg Cl/l) zu fahren. Es bleibt zu beobachten, ob die EM-Keramik sich bei hohen Belastungen bewährt und die Chlorwerte stabil bleiben bzw. wie niedrig die Gaben an freiem Chlor bei den jeweiligen Belastungen gehalten werden

können. Ausschlaggebend sind dabei die Werte des gebundenen wirksamen Chlors, welche sich aus der Differenz aus dem gesamten wirksamen Chlor und dem freien wirksamen Chlor ergeben.

Bei dem gebundenen Chlor handelt es sich um Verbindungen aus Chlor mit Stickstoff, der vorwiegend durch den Schweiß und den Urin der Badegäste ins Wasser gelangt. Gebundenes Chlor ist reiz- und geruchsintensiv und gilt als gesundheitsbedenklich. Es verursacht auch die oft beklagten Haut- und Augenreizungen sowie den typischen Hallenbadgeruch. Aus diesem Grund wird der Wert mit der neuen DIN 19643 (seit 2012) auf maximal 0,2 mg/l begrenzt. Interessant ist, dass genau die Haut- und Augenreizungen sowie der typische Chlorgeruch nach einer Umfrage im vergangenen Sommer in Hollfeld deutlich geringer waren als früher.

Es stellt sich die Frage, ob sich die positiven, ausgleichenden Wirkungen der EM-Keramik auf gechlortes Wasser möglicherweise durch die Einflussnahme der EM-Keramik auf gerade diese Chlor/Stickstoffverbindung und damit die Verdrängung des gebundenen wirksamen Chlors aus dem Wasser erklären lassen.

Staunen im Schwallwasserraum

Sehr erfreulich war die Besichtigung des im September 2004 wieder entleerten Schwallwasserraums. Sowohl das EM-Keramik-Netz als auch die zusammengebundenen Beutel haben die durchlaufenden Wassermengen gut überstanden. Im Gegensatz zu unseren EM-Keramik-Pipes lässt sich in dieser zweiten Saison bereits vermuten, dass das Polypropylen-Netz nicht allzu lange halten wird.

Wirklich beeindruckt war der Schwimmmeister vom Zustand des Schwallwasserraums. Die Wände und der Boden waren sehr sauber und mussten kaum noch gereinigt werden. In den vergangenen Jahren waren wesentlich mehr Verschmutzungen und Fettspuren an den Wänden zu finden. Fettspuren waren im letzten Jahr nicht mehr feststellbar.

Die Praxis zeigt, dass Wasser in herkömmlichen Schwimmbadsystemen durchaus mit EM-X-Keramik positiv für die Badegäste gestaltet werden kann. Leider fehlen bisher die Sponsoren, die eine wissenschaftliche Bearbeitung solcher Fragen ermöglichen würden. Es sind viele Fragen offen. Deren wissenschaftliche Beantwortung könnte für viele Badegäste das Schwimmen noch attraktiver machen.

10.2 Reinigung einer Grundwasseranreicherungsanlage mit der EM-Technologie

von Gabriella Höfler

Pilotprojekt

Im Frühjahr 2005 hat Hans Rosewich von seiner Wohngemeinde Dottikon (Schweiz) den Auftrag erhalten, mit Hilfe von EM (Effektiven Mikroorganismen) die örtliche Grundwasseranreicherungsanlage zu reinigen und biologisch aktiv zu erhalten. Margrit Merz, Hans Rosewich und ich, Gabriella Höfler, nahmen zu dritt diese Herausforderung an und starteten das Pilotprojekt.

Situation der Grundwasseranreicherungsanlage

Die Anlage liegt oberhalb eines Grundwasserpumpwerks. Sie besteht aus einem Absetzbecken von 200 m³ Inhalt und einem Sickerbecken mit einem Fassungsvermögen von 3000 m³.

Das Wasser in der Grundwasseranreicherungsanlage war schon einige Jahre von schlechter Qualität.

Der Zulauf erfolgt durch zwei Leitungen, welche vor der Eindohlung offene Bachläufe waren. Zusätzlich läuft das Oberflächenwasser einer Baumschule hinein.

Bei Trockenheit beträgt die Zulaufmenge 150 l pro Minute. Bei optimalen Bedingungen können 350 l Wasser pro Minute versickern. Jährlich versickern ungefähr 80 000 m^3 Wasser in dieser Anlage.

Probleme

Das Zulaufwasser ist durch die Kunstdüngung der Wiesen und den Einsatz von Chemikalien bei den Containerkulturen in der Baumschule sehr stark belastet. Am Boden des Sickerbeckens bildeten sich enorm viele Algen und das Wasser sickerte nur langsam ab.

Wir nehmen an, dass die Fäulnisprozesse auf dem Grund der Anlage vor allem auf die Überdüngung des Wassers zurückzuführen sind.

Einsatz der EM-Technologie

Als erste Sofortmaßnahme gossen wir am 8. April 2005 125 l EMa ins Absetzbecken. Man konnte beobachten, wie sich das EMa im Wasser verteilte und langsam über die Überfallmauer floss. Diese Mauer war mit einer dicken grünlichen Algenschicht bedeckt. Wir versuchten an einer Stelle die Mauer von Hand von den Algen zu befreien, was jedoch nicht gelang.

Herstellung und Einsatz von Dangos

Zu dritt formten wir von Hand 350 Dangos aus Futterbokashi, Spielsand und EM-X-Keramikpulver und ließen diese zwei Wochen trocknen. Drei Wochen nach dem ersten Einsatz von EMa verteilten wir die Dangos in den beiden Becken. Erstaunlich war, dass das Wasser bereits durch die erste Maßnahme klarer geworden war.

Bei unserer nächsten Besichtigung der Anlage am 25. Mai 2005 waren wir sehr überrascht. Auf der ganzen Wasseroberfläche schwammen Algen.

Schon im ersten Jahr während des Einsatzes der EM-Technologie wurde eine wesentliche Verbesserung der Wasserqualität erreicht.

wurde dadurch sichtbar verbessert. Um das Gleichgewicht im Wasser halten zu können, schüttete Hans Rosewich monatlich bis Ende November 35 l EMa hinein.

EM hat geholfen, die Sickeranlage wieder ins Gleichgewicht zu bringen! Das Wasser sickerte den ganzen Sommer über kontinuierlich ab.

Zeitablauf des Experiments

| 8. April 2005 |
| 125 l EMa als erste Impfung |
| 22. April 2005 |
| 350 Dangos |
| 25. Mai 2005 und 29. Juni 2005 |
| 100 l EMa |
| Aug. – Ende November 2005 |
| monatlich 35 l EMa |

Die Fäulnisprozesse am Grund des Beckens wurden verringert.

Als weiteren Impuls gaben wir nochmals 100 l EMa ins Wasser. Den Vorgang wiederholten wir nur noch einmal am 29. Juni 2005. In der Zwischenzeit wurden die Algen, so gut es ging, von Hans Rosewich abgefischt.

Erfolg durch die EM-Technologie

Der Einsatz der EM-Technologie und unser Pioniergeist haben sich gelohnt. Nach dem Einbringen der Dangos und einer größeren Menge EMa ist das übermäßige Algenwachstum sehr stark zurückgegangen, die Schaumbildung hat abgenommen und die Algenschicht an der Überfallmauer kann von Hand gelöst werden. Die Versickerung

Weitere Maßnahmen im Jahr 2006

Im Frühjahr wollte die Gemeinde das Absetzbecken vom Geröll befreien, welches von Bächen angeschwemmt wurde. Um das Gleichgewicht in dieser Grundwasseranreicherungsanlage zu sichern, impften wir das Wasser ab Frühjahr weiterhin regelmäßig mit EMa.

10.3 Drei Beispiele für gelungene Wassersanierung aus Bayern

Die grüne Lagune von Ampfing – das größte Naturschwimmbad Bayerns

Anfang 2006 bekam Manfred Epp von EM-Süd einen „Alarm" aus Ampfing. Das Naturschwimmbad war total veralgt. Gäste würden das Bad in der kommenden Saison meiden. Schade um das schöne Bad.

Algenbefall im Naturschwimmbad

Manfred Epp war gerade aus Japan zurückgekommen, wo eine Gruppe von EM-Interessierten eine Tour zu verschiedenen EM-Projekt gemacht hatte. Dort gibt es viele „Wasserprojekte": Flüsse, Seen und auch Meeresbuchten wurden und werden dort schon viele Jahre mit großem Erfolg mit EM-Technologie behandelt. Algenbefall geht zurück und Fische und andere Wasserlebewesen siedeln sich wieder in großen Mengen an. Mit diesen aktuellen Erfahrungen fuhr Manfred Epp nach Ampfing.

Für die Vorgehensweise bei Teichsanierungen ist immer wichtig, dass der Wasserfluss durch ein Naturschwimmbad und die Reinigungsmöglichkeiten vor Behandlungsbeginn genau definiert werden. In Ampfing hatte der Erbauer des Schwimmbades eigentlich alles richtig gemacht: In einem geschlossenen Kreislauf wird das Wasser über schilfbewachsene Randstreifen in einen Regenerationsteich, besser

verschiedenen Formen in die Pflanzbereiche und in den Pumpenschacht eingebracht.

Schon nach einer Woche veränderte sich der Algenbefall positiv und nach 3 Wochen war das Wasser klar und die Badesaison konnte beginnen.

Das wunderschöne Bad hat im Sommer an heißen Tagen sehr viele Besucher. Hautschweiß, Sonnenschutzmittel, Haare, Hautschuppen und die Ausscheidungen der Kinder sind Pflanzennährstoffe und fordern von den Pflanzen im Klärteich enorme Reinigungsleistungen. Nur wenn das Sediment, die Erde, in der die Wasserpflanzen wurzeln, all diese Nährstoffe für die Pflanzen

eine Pflanzenkläranlage, geführt. Von dort wird das Wasser durch einen Schacht in eine künstliche Steinrinne geleitet und mit viel Sauerstoff wieder dem Schwimmteich zugeführt.

Das Einzige, was nicht funktionierte, war die Nährstoffaufnahme der Pflanzen in den Klärzonen. Wenn dem so ist, kann man im Sediment der Klärzonen einen leichten bis strengeren Geruch nach faulen Eiern wahrnehmen. Der Geruch sagt aus, dass da etwas faul ist, also genau ein Fall für EM.

Manfred Epp machte der Gemeinde einen Kostenvoranschlag, der akzeptiert wurde. Im Mai bei steigenden Wassertemperaturen wurden 1000 Liter EM über den Einlauf langsam in das Schwimmbadwasser gegeben. 100 kg EM-X-Keramik wurden in

aufbereiten kann, bleibt das Wasser hell und klar. Deswegen wurde geraten, wöchentlich in der Saison 10 Liter EM zuzugeben, damit die Leistungsfähigkeit der Pflanzen aufrechterhalten wird.

Auf der Website der Gemeinde http://www.ampfing.de/tourismus-kultur/grune-lagune/ kann man einen guten Überblick über das Bad gewinnen. Dort finden Sie auch eine Aussage über die Wasserqualität. Im August 2016 wurde der Lagune der Status 1, „Baden bedenkenlos möglich", zugeteilt. Schauen Sie auf die Website, wenn Sie sich für den aktuellen Status interessieren.

Der Haslacher See in Bernbeuren

Der 35 ha große Haslacher See mit seinem Moorwasser zwischen Bernbeuren und Burggen ist ein beliebter Angelsee und ein beliebtes Strandbad. Er ist nicht sehr tief, maximal 4 Meter, und am Ufer schön flach. Deshalb ist der Badesee für Familien mit Kindern besonders geeignet. Die flachen Uferzonen sind auch ideal für Triathlonveranstaltungen. Eine solche wäre 2012 fast ausgefallen, weil das Wasser zu trüb war. Wegen zu geringer Sichttiefe musste das Ordnungsamt ein Badeverbot erlassen. Für den Fremdenverkehrsort bahnte sich ein Fiasko an. Man vermutete, dass über die landwirtschaftliche Nutzung und Düngung der umgebenden Weiden zu viele Nährstoffe eingetragen worden waren.

Doch dann besann man sich auf Manfred Epp von EM-Süd. In einem so großen See ist das Behandlungsschema natürlich anders als in einem Naturbad, das nur einige 100 Quadratmeter groß ist.

Es wurde ein Floß gebaut. Darauf wurden 7 × 1000 Liter EM gepackt und zusammen mit 200 kg EM-X-Keramikpulver im ganzen See verteilt. Ohne die Hilfe der Freiwilligen des technischen Hilfswerkes wäre eine solche Aktion nicht zu stemmen gewesen.

Es dauerte etwa 14 Tage, bis der See wieder eine Sichttiefe von 1 Meter hatte. Diese Sichttiefe hatte das Ordnungsamt als Grenze für die Badeerlaubnis gesetzt. Das war gerade noch rechtzeitig für den Triathlon, sodass die vielen Stunden und Aktivitäten für die Vorbereitung doch nicht umsonst waren.

Auch der Badebetrieb war nun wieder möglich. Für die Sommergäste war und ist es eine Freude, in dem schönen Naturwasser zu schwimmen.

Schwimmteich im Landhaus Kössel in Hopfen am See

Marlies Mayr, die Inhaberin des Landhauses Kössel, reklamierte 3 Jahre lang beim Erbauer des Schwimmteiches, dass im Sommer zu viele Algen dieses Schmuckstück abwerteten. Nach allen möglichen Versuchen mit konventionellen und alternativen Verfahren konnte das Problem nicht gelöst werden. Der Teichbauer las dann in der Presse über die Erfolge mit EM im Wassermanagement und wandte sich letztendlich an EM-Süd.

Manfred Epp behandelte den Teich im ersten Jahr 3-mal mit EM-X-Keramik und EM. Es stellte sich bald der gewünschte Erfolg ein: klares Wasser auch an heißen Sommertagen und bei Gewitterstimmung. Weitere 4 Jahre bekam der Teich jeweils im Frühjahr eine angemessene Menge EM. Nun baute sich ein stabiles mikrobielles Biotop auf. Seit 3 Jahren (Stand Ende 2016) bleibt der Teich auch ohne EM-Behandlung klar. Die Gäste erfreuen sich am sauberen und weichen Wasser.

Fazit: Jedes Gewässer ist anders. Ein öffentliches Naturschwimmbad mit einer hohen Belastung im Sommer braucht im Regelfall kontinuierliche

EM-Hilfe, damit die Reinigungswirkung der Pflanzen erhalten bleibt. Der kleine Schwimmteich im Landhaus Kössel ist wenigen Belastungen ausgesetzt, sodass das Abernten der Pflanzen im Winter ausreicht, um die übers Jahr eingetragenen Nährstoffe dem Wasser zu entziehen. Es stehen keine Bäume um den Schwimmteich, sodass auch nicht zu viele Nährstoffe über den Blätterfall im Herbst eingetragen werden. Bei Seen wie dem Haslacher See besteht immer wieder die Gefahr, dass sie umkippen. Die landwirtschaftliche Nutzung der umliegenden Wiesen und Weiden

stellt ein gewisses Risiko dar, wenn nicht alles ganz ordnungsgemäß abläuft. Aber selbst ein übermäßiger Nährstoffeintrag aus der Landwirtschaft kann gemanagt werden. Optimal wäre, wenn alle Bauern rund um den See mit EM arbeiten würden. Das Risiko würde erheblich vermindert. In Versuchen (Büro BLAUW, Kartoffelarbeitskreis Kleve) wurde nachgewiesen, dass Düngung mit mikrobiell optimierter Gülle wesentlich mehr Nährstoffe in die Kulturpflanze bringt. Somit wird Nährstoffauswaschung ins Grundwasser oder in umgebende Gewässer vermindert.

➤ 11 Grundrezepte zur Anwendung der EM1-Technologie

11.1 Herstellung von EMa aus EM1

EM1 zur Anwendung zu vermehren ist ratsam, wenn man viel braucht. Dadurch wird die EM-Technologie sehr preiswert. Mit der Standardrezeptur kann man aus einem Liter EM1 33 Liter EMa bereiten. Die Vermehrung erfolgt nach folgendem Grundrezept: 94 % Wasser mit 3 % Zuckerrohrmelasse und 3 % EM1 sieben Tage lang bei 35 bis 38 °C warmstellen. Nach diesem Rezept kostet ein Liter EMa gerade noch 0,90 €!

Die Zuckerrohrmelasse wird in etwas heißem Wasser (kurz vor dem Siedepunkt) aufgelöst. Gute Melasse ist sehr dickflüssig und zäh. In kaltem Wasser löst sie sich nur ungern. Die Mischung wird so lange gerührt, bis die gesamte Zuckerrohrmelasse aufgelöst ist. Nicht aufgelöste Melasse kann von den Effektiven Mikroben nicht optimal verarbeitet werden. Dann gibt man den Rest kühleres Wasser hinzu, damit die Flüssigkeit unter 40 °C abkühlt. Bei 37 °C laufen die Vorgänge des Lebens optimal ab. Deswegen haben Menschen und die meisten Säugetiere eine Körpertemperatur von 37 °C. Der Ansatz sollte daher so warm wie ein Babyfläschchen sein.

Anschließend gibt man das EM1 hinzu.

Das Ansatzgefäß wird dann mit handwarmem Wasser aufgefüllt. Nun sorgt man dafür, dass das Gefäß mit dem EMa-Ansatz sieben Tage lang warm stehen kann und die Gärgase (CO_2) entweichen können. Dazu kann man auf das Gärgefäß einen Gärtrichter aufsetzen oder spezielle Entgasungsdeckel benutzen. Die einfachste Lösung für zu Hause ist, den normalen Deckel auf den Kanister oder die Flasche zu setzen und diesen nicht ganz zuzudrehen. Die bei der Mikrobenvermehrung entstehende Kohlensäure (CO_2) muss entweichen können, sonst platzt eventuell sogar das Gefäß. Es soll jedoch kein Sauerstoff eindringen können.

11.2 Technik zur Herstellung von EMa

Technisches Zubehör zur Herstellung von EMa, z. B. einen Fermenter, kann man im EM1-Fachhandel kaufen. Dabei handelt es sich um einen Wärmebehälter. Er arbeitet besonders zuverlässig bei einer Raumtemperatur von mindestens 15 °C. Ist es kälter, sollte man den Behälter zusätzlich isolieren, z. B. mit alten Wolldecken – insbesondere wenn ein Fermenter im kühlen Keller oder in einer kühlen Garage steht.

Solche Wärmebehälter kann man natürlich auch selbst bauen. Tipps dazu finden Sie auf der Website des EM e.V., www.emev.de und im Buch *EM-Lösungen – Haus und Garten* (tosa Verlag).

Produktmengen zur Herstellung von EMa				
Vermehrungs-gefäß	Zuckerrohr-melasse	Wassermenge (kurz vor dem Siedepunkt)	Wassermenge handwarm	EM1
1 l Pet-Flasche	30 ml	100 ml	knapp 1 l	30 ml
1,5 l Pet-Flasche	45 ml	150 ml	knapp 1,5 l	45 ml
5 l Kanister	150 ml	1 l	knapp 4 l	150 ml
10 l Kanister	300 ml	1,5 l	knapp 8 l	300 ml

Anmerkung für den Hausgebrauch: 45 ml sind in etwa 2 gut gefüllte Schnapsgläser, 30 ml somit etwa 1,5 normal gefüllte Schnapsgläser. 150 ml entsprechen in etwa einer normalen kleinen Kaffeetasse.

Technisch begabten Menschen sind bei der Erfindung solcher Wärmemöglichkeiten keine Grenzen gesetzt. Viele Nutzer verwenden zum Beispiel einen zum Wärmeschrank umgebauten Kühlschrank. Auch Landwirte bauen sich Wärmemöglichkeiten, um mehrere Tausend Liter EMa in einem Arbeitsgang herzustellen.

Ein »Dango« aus Sand, Bokashi und EMa. Damit bringt man sehr viele erwünschte Mikroben in den faulenden Untergrund von Gewässern ein. Ein Dango reicht für ein bis fünf Quadratmeter Grundfläche, je nach Problemstellung in der Ausgangssituation.

11.3 Dangos herstellen

Der Begriff „Dango" kommt aus dem Japanischen und bedeutet in der EM-Fachsprache, dass in einem kleinen Bällchen, so groß wie eine große Frikadelle oder ein Tennisball, möglichst viele Effektive Mikroorganismen vermehrt werden und sich dort häuslich einrichten. Diese werden in die Gewässer geworfen, sinken auf den Grund und bilden dort im Sediment die Keimzellen für eine gute Mikrobenstruktur.

Sinnvoll ist es, die Dangos zehn bis zwanzig Tage an einem Ort mit Temperaturen von über 15 °C reifen und trocknen zu lassen. Dann sinken sie auch in kompakter Form bis auf den Grund, wo die Mikroben ihre Arbeit erledigen sollen.

Mengen zur Herstellung von einfachen Dangos für unterschiedlich große Teichflächen		
Produkt	**Teichfläche 10 m²**	**Teichfläche 100 m²**
Urgesteinsmehl	1 kg	10 kg
EM-Super-Cera- Pulver	0,05 bis 0,5 kg	0,5 bis 5 kg
EM1 oder EMa	0,5 bis 0,8 l	5 bis 8 l

Achten Sie bei der EMa/EM1-Zugabe darauf, dass sich der Teig, den Sie herstellen, gut formen lässt. Danach passen Sie die Flüssigkeitsmenge an. Die Mischung ist optimal, wenn das in der Hand zusammengepresste Material seine Form behält. Die Ballen sollten zerfallen, sobald man sie mit der Fingerspitze berührt. Dann hat das Material 30 % Feuchtigkeit und ist richtig. Die Ausgangsmaterialien nehmen unterschiedlich viel Flüssigkeit auf. Das muss wie bei einem Kochrezept berücksichtigt werden.

Super-Dangos setzen wir immer ein, wenn wir große Wassermengen in größeren Gewässern bearbeiten, insbesondere dann, wenn auch noch viel Faulschlamm vorhanden ist.

Bei der Reifung der Dangos kommt es immer wieder vor, dass sich ein Pilzflaum um den Dango bildet. Das ist gut, weil auch viele Pilze zu den erwünschten Mikroben gehören. Sie helfen mit, organisches Material ohne Fäulnis umzusetzen.

Mengen zur Herstellung von Super-Dangos		
Produkt	Teichfläche 100 m²	Teichfläche 500 m²
feiner, gewaschener Sand	5 kg	25 kg
Bokashi aus Kleie	5 kg	25 kg
EM-Super-Cera- Pulver	0,5 kg	2,5 kg
EM1 oder EMa	2 bis 3 l	10 bis 15 l

Alles mischen, von Hand tennisballgroße Kugeln formen und in einem warmen Raum ca. zwei Wochen trocknen lassen.

11.4 Bokashi herstellen

„Bokashi" ist ebenfalls ein japanischer Begriff und bedeutet „allerlei fermentiertes organisches Material". Am einfachsten stellt man Bokashi aus Kleie, EM1, Zuckerrohrmelasse und warmem Wasser her.

Dango-Rezept

- 1 kg Spielsand
- 1 kg Futterbokashi
- 50 g EM-X-Keramikpulver
- ½ l EMa

Material:

Kleie aus dem Futtermittelhandel (je nach Gebinde ab 0,50 €/kg), fertiges EMa oder warmes Wasser, EM1 und Zuckerrohrmelasse.

Bokashi-Rezept

10 kg Kleie mit 3 l fertigem EMa vermischen und gut verkneten. Diese Masse in stabile Plastikbeutel (zum Beispiel Gefrierbeutel) füllen und darin gut verdichten.

Den Beutel mit dem gut zusammengepressten Bokashi luftdicht verschließen. Statt der Plastikbeutel kann man auch einen dicht verschließbaren Eimer (zum Beispiel Mayonnaise-Eimer aus dem Lebensmittelhandel) nehmen.

Die fertigen Mischungen über drei bis sechs Wochen warm (möglichst bei 20 °C Raumtemperatur) lagern. Nach der Lagerzeit riecht das Material wie ein guter Sauerteig, manchmal auch nach Alkohol (z. B. wie Klebstoff). Dann ist die Kleie gut durchfermentiert (sie hat in etwa denselben Prozess wie Sauerkraut durchlaufen) und kann in den Sand eingearbeitet werden.

Ist kein fertiges EMa verfügbar, kann man die Flüssigkeit zum Anfeuchten der Kleie auch folgendermaßen vorbereiten: Eine Tasse Zuckerrohrmelasse in heißem Wasser auflösen, kälteres Wasser hinzugeben, sodass die Flüssigkeit eine Temperatur unter 40 °C, allerdings nicht unter 35 °C hat. Dann eine Tasse EM1 zufügen. Man nimmt so viel Wasser, dass zum Schluss 3 l Flüssigkeit zum Anfeuchten der Masse vorhanden sind.

Dieses Bokashi (LINKS) ist noch etwas zu feucht. Gibt man etwas Kleie zu, reduziert diese die Feuchtigkeit und man bekommt ein besseres Ergebnis (RECHTS).

➤ 12 Zusammenfassung und Ausblick

Schon bei der Anlage der Gartengewässer müssen die Naturgesetze beachtet werden. Alle Probleme mit EM zu lösen, entspricht nicht den Fähigkeiten der Effektiven Mikroorganismen – das Einzige, was sie können, ist Fäulnis bearbeiten. Je mehr man auf die Reinigungskraft der Pflanzen vertraut und ihnen genügend Platz einräumt, desto mehr Freude wird man an dem Gewässer haben.

Optimiert man den Einbau der eingetragenen Nährstoffe und berücksichtigt dies bereits bei der Planung, bleibt das Wasser im Regelfall klar.

Von daher ist es sinnvoll, den Gartenteich als Verdauungssystem zu betrachten und die Fäulnis darin zu beeinflussen. Man spart viel Geld und Ärger.

Denkt man an die stets wiederkehrenden Meldungen über Strandsperrungen aufgrund eines übermäßigen Aufkommens von Algen und Quallen, wird man sich dessen bewusst, dass viele öffentliche Gewässer mit Nährstoffen überlastet sind.

Mit EM-Technologie wurden schon Bäche, Flüsse, Seen und Meeresbuchten so renaturiert, dass sie wieder hohe Fischerträge bringen und den Menschen erneut wirtschaftlichen Erfolg und Freizeitvergnügen bieten. Entsprechende Erfahrungen

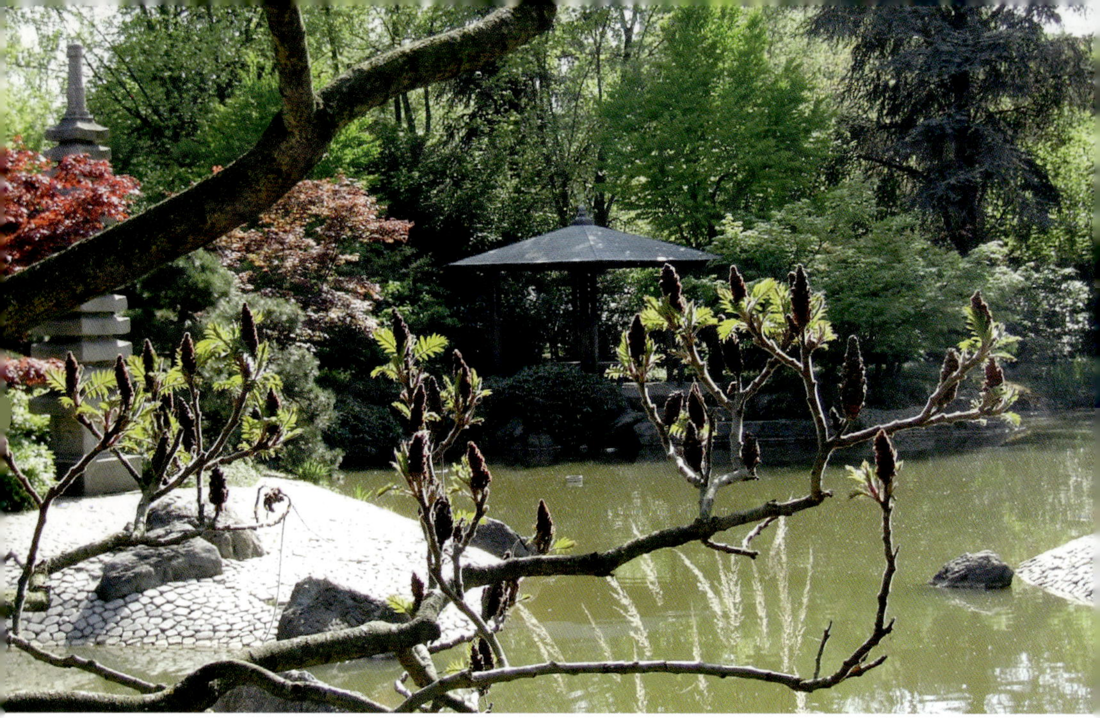

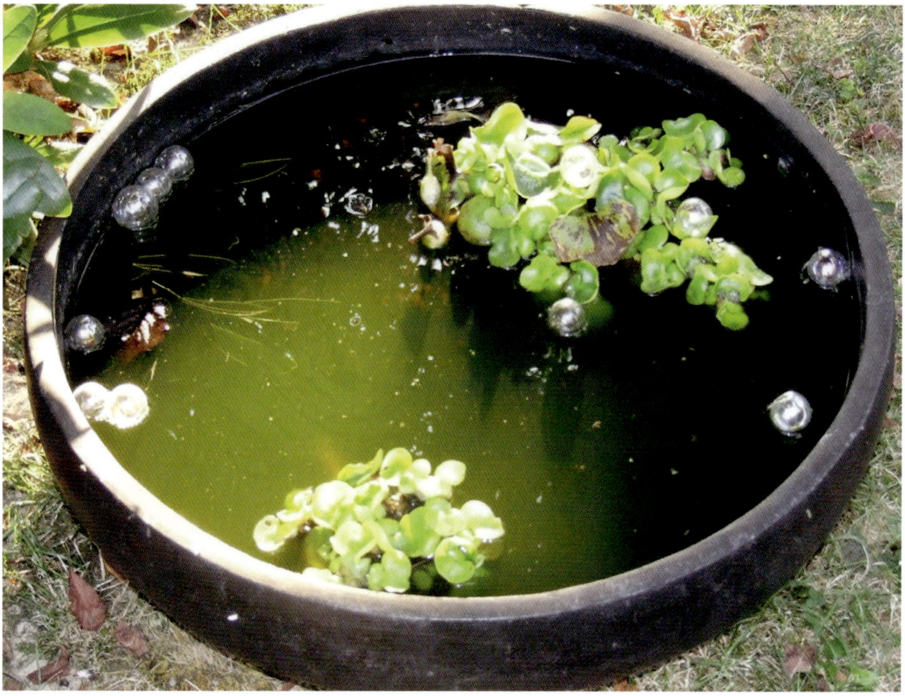

OBEN LINKS: *In einem solchen Teich werden aus ästhetischen Gründen keine Wasserpflanzen akzeptiert. Zur Wasserklärung müsste ein Klärteich angelegt werden. Anders ist das trübe und schlechte Wasser im Sommer nicht zu beeinflussen.*

OBEN RECHTS: *Viele Fische können zur Klärung des Wassers beitragen, wenn sie im Teich nicht oder kaum gefüttert werden. Sie verzehren die ins Wasser fallenden Nährstoffe. Es entsteht eine Ausgewogenheit zwischen Nährstoffeintrag und Fischanzahl.*

UNTEN LINKS: *In der 12 cm tiefen Schale wurden 50 g Pipes und alle paar Tage 5 ml EM eingesetzt. Das Wasser wurde den ganzen Sommer über noch nicht ausgetauscht. Es hat zwar viele Algen, ist aber von gutem Geruch und Geschmack. Die Wasserhyazinthen verzehren überflüssige Nährstoffe. Sie haben in acht Wochen ihre Masse verdreifacht.*

sind bei den zertifizierten EM-Beratern abrufbar.

Vielleicht regt dieses Büchlein auch in Europa noch mehr Menschen an, sich ähnlich wie in Japan zu aktiven Gruppen zusammenzuschließen, die EM in die belasteten Gewässer ausbringen.

In vielen kleinen Initiativen wurden in Europa schon Dorfteiche und andere kleine Gewässer wieder zu

Dieser Schlossgraben wird durch Fische, Unterwasserpflanzen und die Uferrandbepflanzung sauber gehalten.

attraktiven Naherholungsmöglichkeiten regeneriert.

Unsere nähere Umwelt bietet uns so viele Möglichkeiten zu erkennen, dass die Beachtung der Gesetze der Natur langfristig Kosten erspart und viel Vergnügen bereitet.

➤ Anhang

Kontakt

Informationen über die EM-Technologie

Die gemeinnützigen EM-Vereine geben Auskunft und vermitteln Kontakte, z. B. zu Arbeitsgruppen, Landwirten oder Verbrauchern, die EM1 anwenden.

Deutschland

EM e. V. Deutschland, Gesellschaft zur Förderung regenerativer Mikroorganismen, Am Dobben 43a, D-28203 Bremen, Telefon + 49 (0) 42 1-33 08 78 5, Fax: + 49 (0) 42 1-33 08 79 5, E-Mail: info@EMeV.info www.emev.info

Literatur

Teruo Higa: *Eine Revolution zur Rettung der Erde: Mit Effektiven Mikroorganismen die Probleme unserer Welt lösen*, edition EM, 2009

Teruo Higa: *Effektive Mikroorganismen - unsere Perspektive: 30 Jahre EM-Technologie von den Anfängen bis Fukushima*, edition EM, 2013

Ernst Hammes und Gisela van den Höövel: *EM-Lösungen – Haus und Garten*, tosa-Verlag, 2015

Ernst Hammes: *EM-Lösungen – Der Kreislauf des Lebens*, tosa-Verlag, 2015

Anne Lorch: *EM – Eine Chance Für unsere Erde: Effektive Mikroorganismen. Wirkungsweise und Praxis*, Knaur Mens Sana HC, 2013

Dr. Anne Katharina Zschocke: *Die erstaunlichen Kräfte der Effektiven Mikroorganismen – EM: Gesundheit, Haushalt, Garten, Wasser*, Broschiert, 4. Oktober 2011

Literaturempfehlungen

Higa, Teruo: *Eine Revolution zur Rettung der Erde*, Organischer Landbau-Verlag, 2003

Teruo Higa, Gartenbauprofessor auf Okinawa, Japan, legt dar, wie er auf EM stieß und warum er EM1 nicht patentieren ließ. Anhand vieler Beispiele zeigt er auf, dass EM tatsächlich viele Dinge beeinflussen kann, die uns heute als Umweltprobleme bekannt sind.

Higa, Teruo: *Die wiedergewonnene Zukunft,* Organischer Landbau-Verlag, 2004

Teruo Higa beschreibt in diesem Buch die Weiterführung der vielen Projekte, die im ersten Buch als Experiment vorgestellt wurden. Der Leser erfährt weiterhin, in welch unglaublich vielen Bereichen in über 120 Ländern auf dieser Welt EM1 eingesetzt wird.

Higa, Teruo und Chinen, Ryuichi: *EM-Salz. Vitalität und Gesundheit durch reines Salz und Effektive Mikroorganismen,* Goldmann, 2004

Prof. Higa und sein Mitautor führen in diesem Buch sehr viele Beispiele an. Sie vergessen jedoch nie, die dahinter stehende Logik der Natur offenzulegen. So hat der Leser viele Chancen, seine eigenen Gedankengänge zu überprüfen.

Mau, Franz-Peter: *EM*, Goldmann, 2002

Franz-Peter Mau hat im EM-Buch die ersten fünf Jahre praktischer Erfahrung mit EM in Deutschland und anderen europäischen Staaten zusammengefasst. Er gibt viele sinnvolle Hinweise für die Verwendung von EM in Haushalt, Garten, Landwirtschaft und Umwelt.

Henning, Erhard: *Geheimnisse der fruchtbaren Böden,* Organischer Landbau-Verlag, 2002

Erhard Henning vermittelt sein umfassendes Wissen über die Erkenntnisse der Bodenkundler und Humusforscher, die insbesondere in den 1950er-Jahren führend waren. Henning kombiniert deren Wissen mit aktuellen Erfahrungen von vielen heute tätigen Boden- und Humusforschern.

Rusch, Hans Peter: *Bodenfruchtbarkeit. Eine Studie biologischen Denkens,* Organischer Landbau-Verlag, 2004

Hans Peter Rusch, Humanmediziner und Entwickler des Arzneimittels Symbioflor zur Wiederbelebung von menschlichen Verdauungstrakten nach Einnahme eines Antibiotikums, ist der Begründer des biologischen Anbauverbandes „Bioland". Das vorliegende Werk ist eine Grundlage für den organischen Landbau, weil Rusch die Grundlagen für das Verständnis des Bodens als Katalysator für die Existenz unseres Planeten Erde gelegt hat. Ein „Muss" für jeden, der den Boden verstehen will.

Rusch, Volker: *Bakterien – Freunde oder Feinde?* Urania Verlag, 1999

Volker Rusch, der Sohn von Hans Peter Rusch, ist promovierter Mikrobiologe. Er bringt dem Leser die Mechanismen der Mikroben in Verdauungstrakten und den Aufbau des Immunsystems in sehr verständlicher Form nahe.

Konemann, Elmer W.: *Am anderen Ende des Mikroskops,* Spektrum Akademischer Verlag, 2003

Der emeritierte Professor für Mikrobiologie Elmer Konemann erfüllt sich mit dem Buch über einen fiktiven Mikrobenprozess einen Lebenstraum: Er wollte schon immer Mikrobiologie für jedermann verständlich machen. Die Mikroben treffen sich zum Weltkongress, weil sie vermuten, dass die Benennung des „Homo sapiens" falsch ist. Sie diskutieren die Umbenennung des Menschen in wissenschaftlicher Manier. Wäre der Mensch wirklich „sapiens", also weise, ginge er anders mit den Mikroben um.

Tanaka, Shigeru: *EM-X. Über die heilende Kraft von Antioxidantien aus Effektiven Mikroorganismen (EM).* Organischer Landbau-Verlag, 2003

Shigeru Tanaka ist Humanmediziner und betreibt in Japan eine Schmerzklinik. Er setzt seit Jahren EMX als zentrales Hilfsmittel ein, um die Selbstheilungskräfte des Menschen anzuregen.

EM-Journal, Organ des gemeinnützigen EM e. V. (erscheint alle drei Monate), ist das zentrale Kommunikationsorgan der EM-Anwender im deutschsprachigen Europa. Eine Mitgliedschaft im EM e. V. wird dringend empfohlen, da über den Verein die beste und schnellste Informationsverbreitung stattfindet. Unter www.emev.de können Sie die ersten Ausgaben des Journals aus der Datenbank herunterladen.

Deep Subsurface Microbiology. Bulletin der ETH Zürich, Nr. 294, August 2004

Rundengespräche der Kommission für Ökologie, 23, Bedeutung der Mikroorganismen für die Umwelt

Bischof, Marco: *Biophotonen, Das Licht in unseren Zellen,* ZWEITAUSENDEINS, 2005

Zeolith. Weitere Informationen unter www.zeolith.de

Wissenschaftliche Literatur über EM liegt in den englischsprachigen Zusammenfassungen der internationalen Wissenschaftstagungen von EMRO vor. Diese kann über die EM-Hersteller eingesehen oder erworben werden.

Video/DVD (aus dem EM1-Fachhandel)

Life in the Soil. Video mit deutschen Erläuterungen, 30 Minuten über die Zusammenhänge des Bodenlebens. Es zeigt Zusammenhänge des Bodenaufbaus und informiert über die Entstehung des Bodens. Besonders spannend, fast wie ein Krimi, sind die mikroskopischen Aufnahmen, die zeigen, wie Mikroben in die Pflanze einwandern und sie ernähren. Faszinierend ist auch zu sehen, wie die Bodenmikroben sich abgrenzen, zusammenarbeiten und Schadorganismen blockieren.

Neuland. DVD oder Video, 30 Minuten, neu überarbeitet. Die mit dem Grimme-Preis ausgezeichnete Münchener Dokumentarfilmerin Angelika Schubert hat Bauern, die EM anwenden, einen Sommer lang beobachtet und deren Denken und Handeln aufgezeichnet. Ein kurzes Interview mit Prof. Dr. Monika Krüger, Veterinärmedizinerin in Leipzig und EM-Forscherin, gibt einen gut verständlichen Einblick in den wissenschaftlichen Hintergrund der Arbeit mit EM.

➤ Der Autor

Ernst Hammes

Ernst Hammes ist pensionierter Landwirtschaftsberater. Nach dem Studium der Landwirtschaft war er Referendar in Schleswig-Holstein, machte eine pädagogische Ausbildung in Stuttgart, war dann Landwirtschaftsberater im Kreis Vechta in Niedersachsen und wechselte später zur Landwirtschaftskammer nach Bonn. In einem sehr vielfältigen Berufsleben lernte er alle Bereiche der Landwirtschaft kennen. Seit über 20 Jahren ist das Bodenleben sein Steckenpferd. Als er 1998 EM, die *Effektiven Mikroorganismen*, kennenlernte, wusste er sofort: Das ist die Lösung für Landwirtschaft und Umwelt. Es folgten mehrere Studienaufenthalte im In- und Ausland und Vorträge bei nationalen und internationalen EM-Wissenschaftstagungen.

Hammes schrieb zahlreiche Fachartikel, gründete den EM e.V. mit und arbeitete mit am EM-Buch von Franz Peter Mau. Nach seiner vorzeitigen Pensionierung baute er die Ausbildung zum zertifizierten EM-Berater mit auf. Zusammen mit seiner Ehefrau Gisela van den Höövel, die wegen ihrer vielfältigen EM-Erfahrung auch in der Beraterausbildung tätig war, gründete er ein eigenes Umwelt-Beratungsunternehmen für Haushalte, Landwirtschaft und Industrie. Bundesweit halten sie Vorträge und Seminare zu EM. Sie vermitteln auch EM-Fachleute aus vielen unterschiedlichen Bereichen für Beratungen, Vorträge und Seminare. Außerdem schreibt Ernst Hammes seit 2006 erfolgreich Sach- und Praxisbücher zum Thema EM.

Genehmigte Lizenzausgabe

tosa GmbH
Industriestraße 19
64407 Fränkisch-Crumbach 2017
www.tosa-verlag.de

ISBN 978-3-86313-511-9

Layout, Satz und Umschlaggestaltung:
design cat GmbH

Der Inhalt dieses Buches wurde von Autor und Verlag sorgfältig erwogen und geprüft. Es kann keine Haftung für Personen-, Sach- und/oder Vermögensschäden übernommen werden.

Kein Teil dieses Werkes darf ohne schriftliche Einwilligung des Verlages in irgendeiner Form (inkl. Fotokopien, Mikroverfilmung oder anderer Verfahren) reproduziert oder unter Verwendung elektronischer oder mechanischer Systeme verarbeitet, vervielfältigt oder verbreitet werden.

Bildnachweis
Illustrationen: Christoph Raffelt
Fotos:
Peter Rudolf: Cover Back, Seite 5, 12 oben rechts, 23, 66
Dieter Aust: Seite 34
Walburga Böll: Seite 33
www.emiko.de: Seite 8
EMIKO Werksaufnahmen: Seiten 8, 9, 54, 55 oben
Johanna Assmann: Seite 50
Ulrike Hader (Multikraft): Seite 48
Reinhardt Mau: Seite 64
Mitra Sepidbarin: Seiten 88, 90
Gabriella Höfler: 93, 94, 102
Christoph Raffelt: 81 oben

iStock: Shane Link, Seite 12 oben / Sass van Veen, Seite 24 / Phillip Baer, Seiten 50, 42 / Igor Karon, Seite 51

Shutterstock: 1989studio 70/3Art 6/Alberto Hidalgo Yanes 10/Alexey Stiop 19/Dmitry Naumov 12/Edwin Verin 13/feelphoto2521 83/fivespots 107 / Jeanie333 1/ Karin Jaehne 75/Kichigin 82/kirych 76/M88 Cover Front, Back/Maria Uspenskaya 46/mubus7 79/purplequeued 59/Savo Ilic 9 /spiber.de 63/StudioSmart 105

Alle weiteren Fotos von Ernst Hammes.